FALKEN
BÜCHEREI

W0061430

Christiane Stephan

Waffeln
süß und pikant

Von der gleichen Autorin ist in dieser Reihe auch ein weiteres Kochbuch erschienen: „Nudelgerichte" (Nr. 0466). Über weitere Titel aus dem reichhaltigen Falken-Kochbuch-Programm informiert Sie Ihr Buchhändler.

CIP-Kurztitelaufnahme der Deutschen Bibliothek

Stephan, Christiane:
Waffeln: süß u. pikant / Christiane Stephan.
– Niedernhausen/Ts.: Falken-Verlag, 1980.
([Die] Falken-Bücherei)
ISBN 3-8068-0522-9

ISBN 3 8068 0522 9

1514   131   2

Farbtafel 1: Zimtwaffeln I (Rezept Seite 18)

Inhalt

Vorbemerkungen

Das Waffelbacken erfreut sich nach wie vor großer Beliebtheit – nicht zuletzt, weil dieses Gebäck für die unterschiedlichsten Gelegenheiten geeignet ist:

Besonders beliebt sind Waffeln als Nachtisch, ebensogut schmecken sie aber auch zum Kaffee.

Als weitere Möglichkeit empfehle ich, Waffeln als pikante Vorspeise, als leckere Zwischen- oder auch als kleine Abendmahlzeit anzubieten.

In jedem Fall schmecken sie ganz frisch aus dem Waffeleisen am allerbesten. Deshalb ist es ratsam, den Belag oder die Speisen, die dazu gereicht werden sollen, vor dem Waffelbacken fertigzustellen.

Wenn Sie beim Backen folgende Tips beachten, gelingen Ihnen die Waffeln gewiß:

1. Backen Sie die Waffeln immer nur in einem *sauberen* Waffeleisen, da Teig- und Fettreste beim Anheizen verbrennen und den Geschmack beeinträchtigen.
2. Heizen Sie Ihr Waffeleisen immer *genau* nach Vorschrift des Herstellers an.
3. Beginnen Sie mit dem Backen immer erst, wenn das Gerät die richtige Temperatur hat, da die Waffel anderenfalls im Eisen festkleben kann.
4. Ölen Sie die Backflächen vor dem Backen mit geschmacksneutralem Öl ein.
5. Öffnen Sie das Waffeleisen nicht zu früh.
6. Drücken Sie den Deckel des Waffeleisens nach dem Einfüllen des Teigs 2–3 Sekunden fest an, damit das Muster deutlich sichtbar wird.

Tips für den Waffelteig:
● Wenn Sie besonders knusprige Waffeln haben möchten, sollte der Teig sehr fest sein, d. h., er darf nicht fließen.
● Geben Sie immer (Ausnahme: Hefewaffeln) eine Messerspitze Backpulver in den Teig. Er wird dadurch lockerer.

Grundrezepte für süße Waffeln

Grundrezept I

Zutaten für 6 Waffeln:
*125 g Margarine, 1 P. Citro-back (abgeriebene Zitronenschale),
125 g Zucker, 1 Prise Salz, 4 Eier, 150 g Mehl, 150 g Stärkemehl,
1/2 TL Backpulver, Puderzucker zum Bestreuen.*

Zubereitung:
Alle Zutaten in eine Schüssel geben und mit einem elektrischen Handrührgerät auf höchster Stufe 3–4 Minuten locker und schaumig schlagen.
Das Waffeleisen nach Anweisung erhitzen und einfetten. Etwa 2 Eßlöffel Teig auf die Unterseite des Waffeleisens geben, den Deckel schließen und die Waffeln goldbraun backen.
Die noch heißen Waffeln nach Wunsch mit Puderzucker bestreuen.

Grundrezept II

Zutaten für 8 Waffeln:
*125 g weiche Butter, 1 EL Zucker, 4 Eier, 250 g Mehl, 1/4 l Milch,
1 Prise Salz, abgeriebene Schale von 1/2 unbehandelten Zitrone,
Puderzucker zum Bestreuen.*

Zubereitung:
Die Butter, den Zucker und die Eigelbe schaumig rühren. Abwechselnd das Mehl und die Milch dazugeben.
Zuletzt die zu steifem Schnee geschlagenen Eiweiße darunterziehen sowie das Salz und die Zitronenschale hinzufügen.
Dieser Teig ist verhältnismäßig flüssig, daher braucht man nur einen Teelöffel Teig pro Waffel.
Das Waffeleisen nach Anweisung erhitzen, einfetten und den Teig teelöffelweise darin goldbraun backen.
Die heißen Waffeln nach Geschmack mit Puderzucker bestreuen.

Grundrezept III

Zutaten für 6 Waffeln:

125 g Butter, 3 Eier, 250 g Mehl, 1 TL Backpulver, 1 Prise Salz, 1/8 l Wasser.

Zubereitung:

Alle Zutaten in eine Schüssel geben und mit einem elektrischen Handrührgerät einen weichen Teig zubereiten.

Das Waffeleisen nach Anweisung erhitzen, einfetten und den Teig kellen-
weise im Eisen goldbraun backen.

Zu diesen Waffeln schmecken sowohl süße als auch pikante Beilagen.

Variationen:

Außerdem kann man mit diesem Waffelrezept selbst weitere Rezepte
– nach Geschmack – erproben: Geben Sie beispielsweise *50 g gemahlene
Nüsse* oder bis zu *50 g Mohn* oder *50 g Leinsamenschrot* zum Teig, und
backen Sie daraus Waffeln.

Gut schmeckt dieses Waffelrezept auch mit bis zu *100 g geraspelten Äp-
feln, Birnen oder Möhren.*

Herzhafter werden die Waffeln durch die Zugabe von etwa *50 g feingewür-
feltem gekochtem* oder *rohem Schinken.*

Zur Aromatisierung herzhafter Waffeln bieten sich folgende Gewürze an:
grüner Pfeffer, Edelsüßpaprika, Kümmel oder *Knoblauch* (die Mengen vorsichtig ausprobieren).

Aprikosenwaffeln

Zutaten für 6 Waffeln:
*125 g Butter, 3 Eier, 250 g Mehl, 1 TL Backpulver, 1/8 l Wasser,
100 g Kandiszucker, 50 g getrocknete Aprikosen, 50 g Kürbiskerne,
1/2 TL gemahlene Nelken.*

Zubereitung:
Aus der Butter, den Eiern, dem Mehl und dem Backpulver einen Teig rühren.
Den Kandiszucker zusammen mit dem Wasser erhitzen, bis sich der Kandis aufgelöst hat.
Die Aprikosen und die Kürbiskerne ganz fein hacken.
Den aufgelösten Kandis und die feingehackten Aprikosen sowie die Kürbiskerne zum Teig geben. Alles gut miteinander verrühren.
Das Waffeleisen erhitzen, einfetten und goldbraune Waffeln aus dem Teig backen.

Biskuitwaffeln

Zutaten für 6 Waffeln:
*6 Eier, 6 EL Zucker, 6 EL süße Sahne, 6 EL Mehl, 1 Msp. Backpulver,
1 EL Rum, Puderzucker zum Bestreuen.*

Zubereitung:
Alle Zutaten in eine Schüssel geben und mit einem elektrischen Handrührgerät bei höchster Stufe etwa 3–4 Minuten locker und schaumig schlagen.
Das Waffeleisen erhitzen, einfetten und den Teig eßlöffelweise goldbraun darin backen.
Die noch heißen Waffeln nach Geschmack mit Puderzucker bestreuen.

Farbtafel 2: Waffeln mit Bananenschnee (Rezept Seite 22)

Brüsseler Waffeln

Zutaten für 6 Waffeln:
*225 g Mehl, 1/2 P. Trockenhefe, 4 EL Zucker, 1 Prise Salz,
etwa 300 ml Milch, 1 Ei, 1/2 TL Vanillemark, 3 1/2 EL zerlassene
und abgekühlte Butter, Puderzucker zum Bestreuen;*
außerdem:
eventuell als Beilage 125 g frische Erdbeeren und 1/8 l süße Sahne.

Zubereitung:
Alle Zutaten für den Waffelteig in eine Schüssel geben und mit einem elektrischen Handrührgerät kräftig schlagen. Zugedeckt an einem warmen Ort 30 Minuten gehen lassen.

Das Waffeleisen erhitzen und einfetten. Den Teig eßlöffelweise darin goldbraun backen.

Die noch heißen Waffeln nach Geschmack mit Puderzucker bestreuen. Frische Erdbeeren und steifgeschlagene Schlagsahne getrennt dazu reichen.

Butterwaffeln

Zutaten für 8 Waffeln:
*125 g Butter, 1 EL Zucker, 4 Eier, 250 g Mehl, 1/4 l Milch, 1 Prise Salz,
abgeriebene Schale von 1/2 unbehandelten Zitrone,
Puderzucker zum Bestreuen oder Marmelade zum Bestreichen.*

Zubereitung:
Die Butter, den Zucker und die Eigelbe schaumig rühren. Abwechselnd die Milch und das Mehl dazugeben. Zuletzt das zu steifem Schnee geschlagene Eiweiß darunterziehen und das Salz hinzufügen.

Das Waffeleisen erhitzen, einfetten und den Teig eßlöffelweise zu goldbraunen Waffeln backen.

Die noch heißen Waffeln nach Geschmack mit Puderzucker bestreuen oder auch mit Erdbeer-, Kirsch- oder Aprikosenmarmelade bestreichen.

Haferflockenwaffeln

Zutaten für 6 Waffeln:
*125 g Haferflocken, gut 1/8 l Milch, 3 EL Zucker,
abgeriebene Schale von 1/2 unbehandelten Zitrone, 1 Prise Salz,
2 EL Butter, 2 Eier, Zucker zum Bestreuen.*

Zubereitung:
Die Haferflocken mit der kalten Milch übergießen und etwa 2 Stunden quellen lassen.
Dann den Zucker, die Zitronenschale, das Salz, die weiche Butter und die Eigelbe darunterrühren.
Die Eiweiße steif schlagen und den Eischnee vorsichtig darunterziehen.
Das Waffeleisen erhitzen, einfetten und den Teig eßlöffelweise zu goldbraunen Waffeln backen.
Die heißen Waffeln nach Geschmack mit Zucker bestreuen.

Hefeteigwaffeln

Zutaten für 6 Waffeln:
*20 g Hefe, 2 EL lauwarme Milch, 250 g Butter, 1/2 EL Zucker, 4 Eier,
etwas abgeriebene Schale von 1/2 unbehandelten Zitrone, 250 g Mehl,
1/3 l lauwarme Milch, Zucker zum Bestreuen.*

Zubereitung:
Die Hefe in der lauwarmen Milch auflösen und gehen lassen.
Dann alle anderen Zutaten mit der gegangenen Hefe gut verschlagen und den Teig noch etwa 20 Minuten zugedeckt gehen lassen.
Das Waffeleisen erhitzen, einfetten und den Teig eßlöffelweise goldbraun backen.
Die noch heißen Waffeln nach Geschmack mit Zucker bestreuen.

Holländische Waffeln

Zutaten für 6 Waffeln:
*250 g Mehl, 10 g Backpulver, 70 g Zucker, 30 g Vanillezucker, 1 Prise Salz,
1/2 l süße Sahne, etwas Weinbrand, Puderzucker zum Bestreuen.*

Zubereitung:
Alle Zutaten in eine Schüssel geben und mit einem elektrischen Handrührgerät auf höchster Stufe locker und schaumig rühren.
Den Teig mit etwas Weinbrand abschmecken.
Das Waffeleisen erhitzen, einfetten und den Teig eßlöffelweise zu goldbraunen Waffeln backen.
Die noch heißen Waffeln nach Geschmack mit Puderzucker bestreuen.

Kokoswaffeln

Zutaten für 6 Waffeln:
*50 g Kokosflocken, 50 g Butter, 50 g Zucker, 3 Eier, 1 EL Rum,
1 EL Zitronensaft, 100 g Mehl, 1/2 TL Backpulver.*

Zubereitung:
Alle Zutaten in eine Schüssel geben und mit einem elektrischen Handrührgerät auf höchster Stufe einige Minuten locker und schaumig rühren.
Das Waffeleisen erhitzen, einfetten und den Teig eßlöffelweise zu goldbraunen Waffeln backen.

Mandelwaffeln

Zutaten für 6 Waffeln:
*50 g Butter, 50 g gemahlene Mandeln, 50 g Zucker, 3 Eier, 1 EL Rum,
100 g Mehl, 1/2 TL Backpulver, einige Tropfen Bittermandelöl.*

Zubereitung:
Alle Zutaten in eine Schüssel geben und mit einem elektrischen Handrührgerät auf höchster Stufe etwa 3–5 Minuten locker und schaumig rühren.
Das Waffeleisen erhitzen und einfetten.
Da dieser Teig etwas fester ist, braucht man etwa 3 Eßlöffel Teig für eine Waffel. Den Teig zu goldbraunen Waffeln backen.
Die noch heißen Waffeln nach Geschmack mit Puderzucker bestreuen.

Mürbe Waffeln

Zutaten für 6 Waffeln:
*5 Eier, 125 g weiche Butter, 125 g Mehl,
knapp 1/8 l leicht angewärmte saure Sahne, 1 Prise Salz,
Puderzucker zum Bestreuen.*

Zubereitung:
Alle Zutaten in eine Schüssel geben und mit einem elektrischen Handrühr-
gerät auf höchster Stufe einige Minuten locker und schaumig rühren.
Das Waffeleisen erhitzen, einfetten und den Teig eßlöffelweise zu gold-
braunen Waffeln backen.
Die noch heißen Waffeln nach Geschmack mit Puderzucker bestreuen.

Nußwaffeln

Zutaten für 6 Waffeln:
*50 g Butter, 50 g gemahlene Haselnüsse, 50 g Zucker, 3 Eier,
100 g Mehl, 1/2 TL Backpulver, 1 TL Kakao
oder abgeriebene Schale von 1/2 unbehandelten Zitrone, 1 EL Rum.*

Zubereitung:
Alle Zutaten in eine Schüssel geben und mit einem elektrischen Handrühr-
gerät auf höchster Stufe einige Minuten locker und schaumig rühren.
Da der Teig etwas fester ist, braucht man pro Waffel etwa 3 Eßlöffel Teig.
Das Waffeleisen erhitzen, einfetten und den Teig zu goldbraunen Waffeln
backen.
Die noch heißen Waffeln nach Geschmack mit Puderzucker bestreuen.
Zu diesen Waffeln schmeckt Aprikosenkompott sehr gut.

Quarkwaffeln

Zutaten für 6 Waffeln:
*125 g Magerquark, 60 g Butter, 40 g Zucker,
abgeriebene Schale von 1/2 unbehandelten Zitrone, 150 g Mehl,
1/8 l Milch, 3 Eier, Puderzucker zum Bestreuen.*

Zubereitung:
Alle Zutaten, bis auf die Eiweiße, in eine Schüssel geben und mit einem elektrischen Handrührgerät auf höchster Stufe gut verrühren.
Die Eiweiße zu steifem Schnee schlagen und diesen vorsichtig unter den Teig ziehen.
Das Waffeleisen erhitzen, einfetten und den Teig eßlöffelweise zu goldbraunen Waffeln backen.
Die noch heißen Waffeln nach Geschmack mit Puderzucker bestreuen.
Man kann die Waffeln auch etwas abkühlen lassen und dann mit einer Portion steifgeschlagener Schlagsahne und einer kandierten Kirsche verzieren.

Reiswaffeln

Zutaten für 6 Waffeln:
*125 g Milchreis, 1/2 l Milch, 50 g Zucker, 4 Eier, 1 TL Zimt, 50 g Paniermehl,
1 Prise Salz, Zucker- und Zimtmischung zum Bestreuen.*

Zubereitung:
Den Reis und die Milch bei niedriger Temperatur zu einem dicken Brei quellen lassen. Den Brei anschließend abkühlen lassen.
Den Zucker zusammen mit den Eigelben, dem Zimt, dem Paniermehl und dem Salz mit einem Handrührgerät schaumig rühren. Den abgekühlten Reisbrei dazugeben.
Zuletzt die Eiweiße zu steifem Schnee schlagen und diesen vorsichtig unter den Teig ziehen.
Das Waffeleisen erhitzen, einfetten und aus dem Teig eßlöffelweise goldbraune Waffeln backen. Diese nach Geschmack mit einer Zucker- und Zimtmischung bestreuen.
Zu den Reiswaffeln schmecken folgende Obstsorten – frisch oder eingemacht – sehr gut: Schattenmorellen, Pflaumen, Aprikosen und Birnen.

Rosinenwaffeln

Zutaten für 5–6 Waffeln:
50 g Butter, 3 Eier, 50 g Zucker, 4 EL Milch, 50 g gemahlene Mandeln, 70 g Mehl, 1 Prise Salz, Puderzucker zum Bestreuen.

Zubereitung:
Alle Zutaten in eine Schüssel geben und mit einem elektrischen Handrührgerät zu einem lockeren Teig rühren.
Das Waffeleisen erhitzen, einfetten und aus dem Teig eßlöffelweise goldbraune Waffeln backen.
Die noch heißen Waffeln nach Geschmack mit Puderzucker bestreuen und mit Kompott servieren.

Sahnewaffeln

Zutaten für 6 Waffeln:
*150 g Mehl, 75 g Zucker oder Puderzucker, 4 Eier,
etwas abgeriebene Schale von 1/2 unbehandelten Zitrone,
1/4 l süße Sahne.*

Zubereitung:
Aus dem Mehl, dem Zucker und den Eiern mit einem elektrischen Handrührgerät einen lockeren, schaumigen Teig rühren.
Die Sahne steif schlagen und unter den Teig ziehen.
Das Waffeleisen erhitzen, einfetten und aus je etwa 2 Eßlöffeln Teig eine goldbraune Waffel backen.
Dazu schmeckt frisches Obst, z. B. Erdbeeren oder Johannisbeeren. Eventuell reicht man noch geschlagene Sahne oder Crème fraîche dazu.

Sandwaffeln

Zutaten für 9–10 Waffeln:
300 g Butter, 300 g Zucker, 6 Eier,
abgeriebene Schale von 1 unbehandelten Zitrone, 1 1/2 EL Rum,
300 g Mehl, 1 TL Backpulver,
Puderzucker oder Zimt-Zucker-Mischung zum Bestreuen.

Zubereitung:
Alle Zutaten in eine Schüssel geben und mit einem elektrischen Handrühr-gerät zu einem lockeren Teig rühren.
Dieser Teig ist fester als andere Waffelteige, daher benötigt man pro Waffel 3 Eßlöffel Teig.
Das Waffeleisen erhitzen, einfetten und aus dem Teig goldbraune Waffeln backen.
Die fertigen, noch heißen Waffeln nach Geschmack mit Puderzucker oder der Zimt-Zucker-Mischung bestreuen.
Man kann die heißen Waffeln auch mit Marmelade bestreichen.

Saure-Sahne-Waffeln

Zutaten für 6 Waffeln:
6 Eier, 200 g saure Sahne,
etwas abgeriebene Schale von 1/2 unbehandelten Zitrone,
1 Likörglas Rum, 250 g Mehl, Puderzucker zum Bestreuen.

Zubereitung:
Die Eigelbe, die Sahne, die Zitronenschale, den Rum und das Mehl in eine Schüssel geben und mit einem elektrischen Handrührgerät einige Minu-ten locker und schaumig rühren.
Die zu steifem Schnee geschlagenen Eiweiße unter den Teig ziehen.
Der fertige Teig soll nicht stehen, sondern gleich im erhitzten und einge-fetteten Waffeleisen eßlöffelweise zu goldbraunen Waffeln gebacken werden.
Die noch heißen Waffeln nach Geschmack mit Puderzucker bestreuen.

Saure-Sahne-Waffeln mit Kardamom

Zutaten für 6 Waffeln:
*5 Eier, 50 g Zucker, 100 g Mehl, 1 TL Kardamom, 100 g saure Sahne,
50 g Butter (zerlassen und abgekühlt).*

Zubereitung:
Alle Zutaten in eine Schüssel geben und mit einem elektrischen Handrührgerät zu einem lockeren Teig rühren. Diesen etwa 10 Minuten stehenlassen.
Das Waffeleisen erhitzen, einfetten und je 2 Eßlöffel Teig zu einer goldbraunen Waffel backen.
Zu den Waffeln nach Geschmack Preiselbeeren, Honig oder Fruchtgelee
reichen.

Schokoladenwaffeln

Zutaten für 6 Waffeln:
*125 g Butter, 1 P. Vanillezucker, 125 g Zucker, 4 Eier, 150 g Mehl,
150 g Stärkemehl, 1 Msp. Backpulver,
50 g Mandeln (abgezogen und feingehackt), 1 EL Rum,
50 g geriebene Blockschokolade, Puderzucker zum Bestreuen.*

Zubereitung:
Alle Zutaten in eine Schüssel geben und mit dem elektrischen Handrühr-
gerät zu einem lockeren, schaumigen Teig rühren.
Das Waffeleisen erhitzen, einfetten und den Teig eßlöffelweise zu Waffeln
backen.
Die fertigen, noch heißen Waffeln nach Geschmack mit Puderzucker be-
streuen.
Nach Belieben können zu den fertigen Waffeln auch steifgeschlagene
Sahne und Schokoladenraspeln gegeben werden.

Farbtafel 3: Obstwaffeln mit Weinschaum (Rezept Seite 29)

Sesamwaffeln

Zutaten für 6 Waffeln:
150 g Weizenmehl (Type 1050), 100 g Weizenschrot, 100 g Sesamkörner, 1/2 P. Trockenhefe, Salz, 100 g Butter, 200–250 cm³ Milch, 2 Eier, 4 EL flüssiger Honig.

Zubereitung:
Das Mehl, den Schrot, 50 g Sesamkörner, die Hefe, das Salz, die zerlassene abgekühlte Butter, die Eier, die Milch und den Honig zu einem Teig verrühren. Diesen anschließend etwa 30 Minuten zugedeckt gehen lassen.
Das Waffeleisen erhitzen, einfetten, Sesamkörner daraufstreuen, den Teig hineingeben und die Waffeln backen.

Vanillewaffeln

Zutaten für 6 Waffeln:
400 g Mehl, 2 P. Vanillepuddingpulver, 225 g Zucker, 2 Eier, 300 g süße Sahne oder Crème fraîche, Mark von 1 Vanilleschote, Puderzucker zum Bestreuen.

Zubereitung:
Alle Zutaten in eine Schüssel geben und mit einem elektrischen Handrührgerät zu einem lockeren, schaumigen Teig rühren.
Das Waffeleisen erhitzen, einfetten und den Teig eßlöffelweise zu goldbraunen Waffeln backen.
Die noch heißen Waffeln nach Geschmack mit Puderzucker bestreuen.

Weißweinwaffeln

Zutaten für 6 Waffeln:
65 g Butter, 65 g Zucker, 5 Eier, 160 g Mehl, 1 EL süße Sahne,
1/8 l Weißwein, 1 Prise Salz.

Zubereitung:
Alle Zutaten bis auf die Eiweiße mit einem elektrischen Handrührgerät in einer Schüssel locker und schaumig rühren.

Die Eiweiße in einer anderen Schüssel zu steifem Schnee schlagen und diesen vorsichtig unter den Teig ziehen.

Das Waffeleisen erhitzen, einfetten und den Teig eßlöffelweise zu goldbraunen Waffeln backen.

Dazu schmeckt Vanille- oder Weinsoße sehr gut.

Zimtwaffeln I   *(Farbtafel 1)*

Zutaten für 6 Waffeln:
250 g Mehl, 125 g Zucker, 1 EL Zimt, 1 Ei, 1/4 l Wasser.

Zubereitung:
Alle Zutaten in eine Schüssel geben und mit einem elektrischen Handrührgerät zu einem lockeren Teig rühren.

Das Waffeleisen erhitzen, einfetten und aus dem Teig goldbraune Waffeln backen.

Diese Waffeln können warm oder kalt als Dessert gereicht werden.

Man kann die noch heißen Waffeln auch mit einer Haushaltsschere in Stücke schneiden und aufrollen.

zu süß – ! zäh

Zimtwaffeln II

Zutaten für 6 Waffeln:
150 g Butter, 1 P. Vanillezucker, 1/2 TL Zimt, 3 Eier,
300 cm³ angewärmte Milch, 200 g Mehl, 70 g Zucker.

Zubereitung:
Die Butter, den Zucker, den Zimt und die Eigelbe schaumig rühren. Abwechselnd die Milch und das Mehl dazugeben.
Die Eiweiße zu steifem Schnee schlagen, den Zucker unter den Schnee rühren und alles unter den Teig ziehen.
Das Waffeleisen erhitzen, einfetten und aus je 1 Eßlöffel Teig goldbraune Waffeln backen.

Zimtwaffeln mit Mandeln

Zutaten für 4 Waffeln:
120 g Mehl, 50 g Puderzucker, 30 g gemahlene Mandeln, 2 Eigelb,
1/2 TL Zimt, abgeriebene Schale von 1/2 unbehandelten Zitrone,
1 Msp. Backpulver.

Zubereitung:
Aus den Zutaten mit einem elektrischen Handrührgerät (Knethaken) oder mit den Händen eine Art Mürbeteig herstellen.
Den Teig etwa 2 Stunden kühl stellen, dann auf einer bemehlten Arbeitsfläche ausrollen.
Aus dem ausgerollten Teig dem Waffeleisen entsprechend runde oder eckige Teile ausschneiden.
Das Waffeleisen erhitzen, einfetten und die ausgeschnittenen Teigteile auf das Eisen legen, etwas andrücken und dann goldbraun backen.

Avocadowaffeln

Zutaten für 6 Waffeln:
5 Eier, 50 g Zucker, 100 g Mehl, 1 TL Kardamom, 100 g saure Sahne, 50 g Butter (zerlassen und abgekühlt)

Zutaten für die Avocadocreme:
2 Avocados, 2 TL Orangenmarmelade, 1/4 l süße Sahne, 1 EL Zucker, etwas Zitronensaft, etwas Zimt, Schokoladenraspeln zum Bestreuen.

Zubereitung der Waffeln:
Alle Zutaten in eine Schüssel geben und mit einem elektrischen Handrührgerät einen Teig daraus rühren. Diesen etwa 10 Minuten stehenlassen.
Das Waffeleisen erhitzen, einfetten und den Teig eßlöffelweise zu goldbraunen Waffeln backen.

Zubereitung der Avocadocreme:
Die Avocados halbieren und den Kern entfernen. Das zarte Fleisch mit einem Teelöffel herausholen und mit einer Gabel zerdrücken. Das Mus und die Orangenmarmelade miteinander vermischen.
Die Schlagsahne zusammen mit dem Zucker steif schlagen, das Fruchtmus unter die Sahne heben und alles mit etwas Zitronensaft und Zimt abschmecken. Die Creme auf die fertigen Waffeln verteilen und nach Geschmack mit Schokoladenraspeln bestreuen.

Waffeln mit Bananencreme

Zutaten für 6 Waffeln:
*125 g Butter, abgeriebene Schale von 1 unbehandelten Zitrone,
125 g Zucker, 1 Prise Salz, 4 Eier, 150 g Mehl, 150 g Stärkemehl,
1/2 TL Backpulver;*

Zutaten für die Bananencreme:
*4 kleine Bananen, 4 Kugeln Vanilleeis, 2 Becher Joghurt,
12 EL süße Sahne, 4 TL Zucker, Mandelblättchen zum Bestreuen.*

Zubereitung der Waffeln:
Aus den Zutaten mit einem elektrischen Handrührgerät einen lockeren Teig rühren.
Das Waffeleisen erhitzen, einfetten und aus dem Teig eßlöffelweise goldbraune Waffeln backen.

Zubereitung der Bananencreme:
Die geschälten Bananen mit einer Gabel zerdrücken.
Das Vanilleeis und den Joghurt miteinander verrühren, dann die zerdrückten Bananen dazugeben.
Die süße Sahne und den Zucker steif schlagen und unter den Brei ziehen.
Die Creme kalt stellen.
Die gut gekühlte Creme auf die fertigen Waffeln streichen und nach Geschmack mit Mandelblättchen bestreuen.

Waffeln mit Bananenschnee

(Farbtafel 2)

Zutaten für 6 Waffeln:
120 g Butter, 100 g Puderzucker, 4 Eier,
abgeriebene Schale von 1/2 unbehandelten Zitrone,
150 g Mehl, 1/4 l süße Sahne;

Zutaten für den Bananenschnee:
3 reife Bananen, 1 P. Vanillezucker, 3 EL Bananenlikör,
Saft von 1/2 Zitrone, 1/8 l süße Sahne, kandierte Kirchen zum Garnieren.

Zubereitung der Waffeln:
Alle Zutaten in eine Schüssel geben und mit einem elektrischen Hand-rührgerät einige Minuten auf höchster Stufe locker und schaumig rühren. Das Waffeleisen erhitzen, einfetten und aus dem Teig eßlöffelweise gold-braune Waffeln backen.

Zubereitung des Bananenschnees:
Die geschälten Bananen mit einer Gabel zerdrücken.
Das Mus zusammen mit dem Vanillezucker, dem Likör und dem Zitronen-saft verrühren.
Die süße Sahne und etwas Zucker steif schlagen und unter das Mus ziehen.
Den Bananenschnee auf die fertigen Waffeln geben und mit je einer kan-dierten Kirsche verzieren.

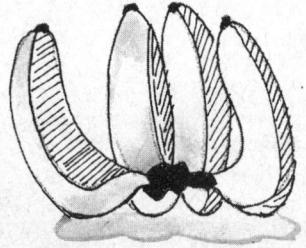

Sahnewaffeln mit Brombeercreme

Zutaten für 6 Waffeln:
*120 g Butter, 100 g Puderzucker, 4 Eier,
abgeriebene Schale von 1/2 unbehandelten Zitrone, 150 g Mehl,
1/4 l süße Sahne;*

Zutaten für die Brombeercreme:
*150 g reife Brombeeren, 125 g Magerquark, 2 TL Zucker, 1 EL Rum,
1/8 l süße Sahne.*

Zubereitung der Waffeln:
Alle Zutaten bis auf die Sahne in eine Schüssel geben und mit einem elektrischen Handrührgerät auf höchster Stufe einige Minuten schaumig und locker rühren.
Die Sahne steif schlagen und unter den Teig ziehen.
Das Waffeleisen erhitzen, einfetten und den Teig eßlöffelweise zu goldbraunen Waffeln backen.

Zubereitung der Brombeercreme:
Die gewaschenen und gezupften Brombeeren in einem Mixer pürieren.
Den Quark, den Zucker und den Rum unter das Püree rühren.
Die Sahne steif schlagen und unter das Püree ziehen.
Diese Creme entweder auf die fertigen Waffeln streichen oder getrennt dazu reichen.

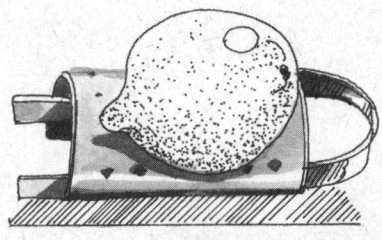

Erdbeerwaffeln

Zutaten für 6–8 Waffeln:
250 g Mehl, 125 g Zucker, 1 Ei, 200 g süße Sahne;

Zutaten für die Erdbeercreme:
500 g frische, reife Erdbeeren, etwas Kirschwasser, 1/4 l süße Sahne,
1 EL Zucker, ganze Erdbeeren zum Garnieren.

Zubereitung der Waffeln:
Alle Zutaten in eine Schüssel geben und mit einem elektrischen Handrührgerät locker und schaumig rühren.
Das Waffeleisen erhitzen, einfetten und aus dem Teig eßlöffelweise goldbraune Waffeln backen.

Zubereitung der Erdbeercreme:
Die Früchte waschen und im Mixer pürieren.
Das Püree mit Kirschwasser abschmecken.
Die Sahne zusammen mit dem Zucker steif schlagen und unter das Püree
ziehen.
Die Sahnecreme auf die fertigen Waffeln geben und mit einer ganzen Erd-
beere garnieren.

*Tip: Wer nicht so viele Kalorien zu sich nehmen möchte, kann die Creme
auch mit Magerquark, der mit etwas Mineralwasser glattgerührt wurde,
herstellen.*

Farbtafel 4: Marmelade-Obst-Waffeln (Rezept Seite 41)

Grapefruitwaffeln

Zutaten für 6 Waffeln:
*125 g Butter, abgeriebene Schale von 1 unbehandelten Zitrone,
125 g Zucker, 1 Prise Salz, 4 Eier, 150 g Mehl, 150 g Stärkemehl,
1/2 TL Backpulver;*

Zutaten für die Creme:
3–4 Grapefruits, 4 EL Zucker, 5 Blatt weiße Gelatine, 1/8 l süße Sahne.

Zubereitung der Waffeln:
Alle Zutaten in eine Schüssel geben und mit einem elektrischen Handrührgerät auf höchster Stufe locker und schaumig rühren.
Das Waffeleisen erhitzen, einfetten und aus dem Teig eßlöffelweise goldbraune Waffeln backen.

Zubereitung der Creme:
2–3 Grapefruits auspressen (etwa 400 cm^3 Saft).
Die Gelatine in kaltem Wasser einweichen, dann im Wasserbad auflösen.
Die aufgelöste Gelatine mit etwas Saft vermischen und dann zu dem restlichen, mit dem Zucker gesüßten Saft, geben. Diese Mischung in den Kühlschrank stellen.
Die letzte Grapefruit schälen und das Fruchtfleisch würfeln.
Die Sahne steif schlagen und unter die noch nicht ganz steife Creme ziehen.
Das gewürfelte Fruchtfleisch auf den Waffeln verteilen und obendrauf einen Klecks Grapefruitcreme geben.
Nach Geschmack kann man die Creme noch mit Schokoladenstreuseln verzieren.

Himbeerwaffeln

Zutaten für 6 Waffeln:
*150 g Butter, 1 P. Vanillezucker, 1/2 TL Zimt, 3 Eier,
300 cm^3 erwärmte Milch, 200 g Mehl, 70 g Zucker;*

Zutaten für den Belag:
*1 kleine Dose Himbeeren oder tiefgekühlte Himbeeren
oder frische Früchte, 1 EL herber Weißwein, 2 EL Stärkemehl,
Mandelblättchen zum Verzieren.*

Zubereitung der Waffeln:
Die Butter, den Zucker, den Zimt und die Eigelbe schaumig rühren. Abwechselnd das Mehl und die Milch dazugeben.

Die Eiweiße steif schlagen, den Zucker darunterrühren und diese Mischung unter den Teig ziehen.

Das Waffeleisen erhitzen, einfetten und aus dem Teig eßlöffelweise goldbraune Waffeln backen.

Zubereitung des Belags:
Die Himbeeren aus der Dose nehmen, abtropfen lassen oder auftauen lassen oder waschen und zupfen. Einige ganze Früchte zum Verzieren zurücklegen.

Die Dosenhimbeeren zusammen mit der Flüssigkeit erhitzen, tiefgekühlte oder frische Himbeeren mit etwas Wasser dünsten. Dann den Weißwein dazugeben und alles mit dem mit etwas Wasser angerührten Stärkemehl andicken.

Die fertige Creme abkühlen lassen, auf die fertigen, heißen Waffeln verteilen, mit Mandelblättchen bestreuen und mit den zurückbehaltenen ganzen Früchten verzieren.

Tip: Der Belag kann auch aus Schattenmorellen zubereitet werden. Dabei läßt man den Weißwein weg, nimmt etwas Himbeergeist zum Abschmekken und rührt noch gehackte Mandeln unter die Masse.

Waffeln mit Himbeerquark

Zutaten für 6 Waffeln:
*125 g Butter, abgeriebene Schale von 1 unbehandelten Zitrone,
125 g Zucker, 1 Prise Salz, 4 Eier, 150 g Mehl, 150 g Stärkemehl,
1/2 TL Backpulver;*

Zutaten für den Himbeerquark:
*500 g frische oder tiefgekühlte Himbeeren, 2 TL Himbeergeist,
250 g Sahnequark, 1/8 l Milch, 100 g Zucker.*

Zubereitung der Waffeln:
Alle Zutaten in eine Schüssel geben und mit einem elektrischen Handrührgerät locker und schaumig rühren.
Das Waffeleisen erhitzen, einfetten und den Teig eßlöffelweise zu goldbraunen Waffeln backen.

Zubereitung des Himbeerquarks:
Die frischen Früchte waschen und mit etwas Zucker und dem Himbeergeist in einer Schüssel ziehen lassen. Einige Früchte zurückbehalten.
Inzwischen den Quark zusammen mit der Milch glattrühren, den Zucker dazugeben und dann die Früchte unter den Quark mischen.
Den Himbeerquark auf die fertigen Waffeln geben und mit einigen ganzen Früchten verzieren.

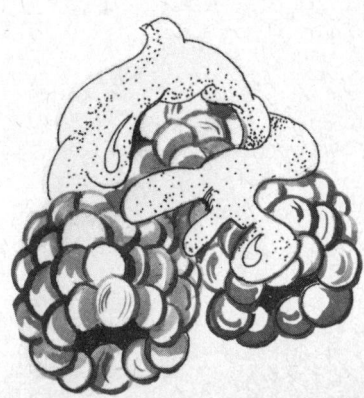

Kiwiwaffeln

Zutaten für 8 Waffeln:
*125 g Butter, 1 EL Zucker, 4 Eier, 250 g Mehl, 1/4 l Milch,
1 Prise Salz, abgeriebene Schale von 1/2 unbehandelten Zitrone,
Puderzucker zum Bestreuen;*

Zutaten für den Kiwischaum:
*5 reife Kiwis, 1/4 l süße Sahne, etwas Maraschino, 1 P. Vanillezucker,
Mandelsplitter zum Verzieren.*

Zubereitung der Waffeln:
Die Butter, den Zucker und die Eigelbe schaumig rühren.
Abwechselnd das Mehl und die Milch dazugeben.
Zuletzt die zu steifem Schnee geschlagenen Eiweiße darunterziehen sowie
das Salz und die Zitronenschale hinzufügen.
Das Waffeleisen erhitzen, einfetten und den Teig teelöffelweise zu gold-
braunen Waffeln backen.

Zubereitung des Kiwischaums:
Drei reife Kiwis schälen und das Fleisch mit einer Gabel zerdrücken.
Die Sahne und den Vanillezucker steif schlagen.
Die zerdrückten Früchte vorsichtig unter die Sahne ziehen.
Die Mischung mit Maraschino abschmecken und kalt stellen.
Die fertigen Waffeln mit Puderzucker bestreuen, darauf die Kiwicreme ge-
ben, obendrauf die restlichen, geschälten und in Scheiben geschnittenen
Kiwis verteilen und nach Geschmack mit Mandelsplittern bestreuen.

Obstwaffeln mit Weinschaum

(Farbtafel 3)

Zutaten für 8 Waffeln:
125 g Butter, 1 EL Zucker, 4 Eier, 250 g Mehl, 1/4 l Milch, 1 Prise Salz,
abgeriebene Schale von 1/2 unbehandelten Zitrone;

Zutaten für den Weinschaum:
2 Orangen, 2 Kiwis, 6 Eigelb, 50 g Zucker, 1 TL Vanillezucker, 1 Prise Salz,
1/8 l Cream Sherry oder Marsalawein.

Zubereitung der Waffeln:
Die Butter, den Zucker und die Eigelbe schaumig rühren.
Abwechselnd das Mehl und die Milch dazugeben.
Zuletzt die zu steifem Schnee geschlagenen Eiweiße darunterziehen sowie das Salz und die Zitronenschale hinzufügen.
Das Waffeleisen erhitzen und den Teig teelöffelweise zu goldbraunen Waffeln backen.

Zubereitung des Weinschaums:
Die Kiwis schälen, in Scheiben schneiden und beiseite stellen.
Die Orangen schälen und filetieren. Ebenso in einer Schüssel beiseite stellen.
Die Eigelbe zusammen mit dem Zucker und dem Salz in einer feuerfesten Schüssel gut verrühren.
Die Eimasse mit einem Handrührgerät so lange schlagen, bis eine dicke, weiße Creme entstanden ist und der Zucker sich aufgelöst hat.
Diese Schüssel in einen Topf mit heißem Wasser stellen. Nach und nach den Sherry oder den Wein dazugeben.
Die Creme im Wasserbad so lange schlagen, bis sich ein dicker luftiger Schaum bildet.
Das Wasser darf während dieses Vorgangs auf keinen Fall kochen.
Die Kiwischeiben und Orangenfilets auf die frischen, fertigen Waffeln legen und den Weinschaum darübergeben.

Orangencremewaffeln

Zutaten für 8 Waffeln:
125 g Butter, 1 EL Zucker, 4 Eier, 250 g Mehl, 1/4 l Milch, 1 Prise Salz, abgeriebene Schale von 1/2 unbehandelten Zitrone;

Zutaten für die Orangencreme:
1/16 l frischer, durchgesiebter Orangensaft,
1 P. Gelatine und 1 TL Gelatine, 5 Eigelb, 2 EL Zucker, 1/8 l heiße Milch,
4 EL Orangenlikör, 1 EL abgeriebene Schale von 1 unbehandelten Orange,
etwas Zitronensaft, etwa 0,2 l süße Sahne, 2 Orangen, 1 EL Zucker.

Zubereitung der Waffeln:
Die Butter, den Zucker und die Eigelbe schaumig rühren.
Abwechselnd das Mehl und die Milch dazugeben.
Zuletzt die zu steifem Schnee geschlagenen Eiweiße drunterziehen sowie das Salz und die Zitronenschale hinzufügen.
Das Waffeleisen erhitzen, einfetten und den Teig teelöffelweise zu goldbraunen Waffeln backen.

Zubereitung der Orangencreme:
Den Orangensaft in ein kleines feuerfestes Gefäß geben, die Gelatine in den Saft streuen und etwa 2 Minuten quellen lassen.
Das Gefäß in schwach kochendes Wasser stellen und die Gelatine auflösen.
Die Eigelbe und den Zucker in eine Schüssel geben und mit einem Quirl so lange schlagen, bis die Masse weiß und dicklich wird. Unter ständigem Schlagen die heiße Milch dazugeben. Die fertige Masse in einen sauberen Topf umfüllen.
Den Topf in ein Wasserbad setzen und die Masse so lange schlagen, bis sie dick wird. Dabei darf das Wasser nicht kochen, da die Creme sonst gerinnt.
Den Orangensaft mit der aufgelösten Gelatine in die Creme rühren.
Zwei Eßlöffel Orangenlikör, etwas Zitronensaft und die abgeriebene Schale der Orange darunterrühren, dann die Creme in den Kühlschrank stellen.
Die Sahne steif schlagen und ebenfalls kühl stellen.
Wenn die Eicreme beginnt anzudicken, die Schlagsahne unter die Creme ziehen. Die Creme in eine Schüssel füllen und etwa 3 Stunden zugedeckt kalt stellen.
Inzwischen die restlichen Orangen filetieren, die Filets mit dem restlichen Likör und 1 Eßlöffel Zucker ziehen lassen.
Frische Waffeln, Orangencreme und -filets getrennt servieren.

Pfirsichtraum

Zutaten für 8 Waffeln:
*125 g Butter, 1 EL Zucker, 4 Eier, 250 g Mehl, 1/4 l Milch, 1 Prise Salz,
abgeriebene Schale von 1/2 unbehandelten Zitrone;*

Zutaten für die Pfirsichcreme:
*1 kleine Dose Pfirsiche, 8 cl Rum, 6 Blatt weiße Gelatine, 3 Eier,
80 g Zucker, 2–4 EL heißes Wasser, 1/4 l süße Sahne,
Schokoladenraspeln zum Verzieren.*

Zubereitung der Waffeln:
Die Butter, den Zucker und die Eigelbe schaumig rühren. Abwechselnd das Mehl und die Milch dazugeben.

Zuletzt die zu steifem Schnee geschlagenen Eiweiße darunterziehen sowie das Salz und die Zitronenschale hinzufügen.

Das Waffeleisen erhitzen, einfetten und den Teig teelöffelweise zu goldbraunen Waffeln backen.

Zubereitung der Pfirsichcreme:
Die Pfirsich gut abtropfen lassen, in kleine Stücke schneiden und 2 cl Rum über die Fruchtstücke gießen.

Den restlichen Rum mit dem Pfirsichsaft auf 1/4 Liter auffüllen. Die Gelatine in kaltem Wasser einweichen.

Die Eigelbe und den Zucker schaumig miteinander verrühren und unter weiterem Schlagen die Pfirsich-Rum-Mischung dazugeben.

Die Gelatine ausdrücken und in heißem Wasser auflösen. Unter einige Löffel der Creme rühren, dann erst langsam die restliche Creme damit vermischen. Die Creme kalt stellen.

Inzwischen die Schlagsahne steif schlagen. Wenn die Creme fest zu werden beginnt, die Pfirsichstücke und die Hälfte der geschlagenen Sahne darunterziehen.

Die Eiweiße zu steifem Schnee schlagen und darunterziehen.

Diese Creme auf die fertigen Waffeln geben und mit der restlichen geschlagenen Sahne und nach Geschmack mit Schokoladenraspeln verzieren.

Pfirsichwaffeln

Zutaten für 6 Waffeln:
*125 g Butter, abgeriebene Schale von 1 unbehandelten Zitrone,
125 g Zucker, 1 Prise Salz, 4 Eier, 150 g Mehl, 150 g Stärkemehl,
1/2 TL Backpulver;*

Zutaten für den Belag:
*1 kg sehr reife Pfirsiche oder Pfirsiche aus der Dose, 80 g Zucker,
3 Likörgläschen Orangenlikör, 1 P. Vanilleeiskrem.*

Zubereitung der Waffeln:
Alle Zutaten in eine Schüssel geben und mit einem elektrischen Handrührgerät locker und schaumig rühren.
Das Waffeleisen erhitzen, einfetten und aus dem Teig eßlöffelweise goldbraune Waffeln backen.

Zubereitung des Belags:
Die Pfirsiche mit kochendem Wasser überbrühen und die Haut abziehen.
Die Pfirsiche halbieren, die Kerne herausnehmen und die Früchte in
schmale Spalten schneiden.
Die Pfirsichspalten abwechselnd mit dem Zucker in einem hohen Glas
schichten und zuletzt den Likör darübergießen. Eine Stunde kalt stellen.
Auf die fertigen, noch heißen Waffeln eine Portion Vanilleeis setzen und
darüber, nach Geschmack, einige Löffel der eingelegten Pfirsiche geben.

Farbtafel 5: Marzipanwaffeln mit Schokoladensoße (Rezept Seite 42)

Waffeln mit Rhabarberschaum

Zutaten für 6 Waffeln:
150 g Butter, 150 g Zucker, 3 Eier,
abgeriebene Schale von 1/2 unbehandelten Zitrone, 1 EL Rum, 150 g Mehl,
1/2 TL Backpulver;

Zutaten für den Rhabarberschaum:
350 g Rhabarber, 2 Blatt Gelatine, 3 EL Zucker, 1/8 l süße Sahne, Zucker,
Puderzucker zum Bestreuen.

Zubereitung der Waffeln:
Alle Zutaten in eine Schüssel geben und mit einem elektrischen Handrühr-
gerät auf höchster Stufe 3–5 Minuten locker und schaumig rühren.
Die Waffeln goldbraun backen.

Zubereitung des Rhabarberschaums:
Den Rhabarber waschen, putzen und in Stücke schneiden.
Die Gelatine in kaltem Wasser einweichen.
Den Rhabarber zusammen mit 2 Eßlöffeln Wasser in einem geschlossenen
Topf etwa 5 Minuten kochen lassen, dann den Topf vom Herd nehmen.
Den Zucker und die ausgedrückte Gelatine darunterrühren.
Die Rhabarbercreme kalt stellen.
Inzwischen die süße Sahne nach Geschmack mit etwas Zucker steif schla-
gen und unter die abgekühlte, angedickte Rhabarbercreme heben. Den
Rhabarberschaum getrennt zu den heißen Waffeln servieren, die nach Ge-
schmack mit Puderzucker bestreut werden.

Schoko-Birnen-Waffeln

Zutaten für 6 Waffeln:
*125 g Margarine, abgeriebene Schale von 1 unbehandelten Zitrone,
125 g Zucker, Salz, 4 Eier, 150 g Mehl, 150 g Stärkemehl,
1/2 TL Backpulver;*

Zutaten für die Mousse au chocolat:
*2 Eigelb, 1 1/2 EL Zucker, 1 EL Weinbrand oder Cognac,
85 g Zartbitterschokolade, 2 EL starker, gebrühter Kaffee, 60 g Butter,
2 Eiweiß;*

außerdem:
*1/4 l süße Sahne, 1 P. Vanillezucker, Williamsbirnen aus der Dose,
eventuell Birnengeist.*

Zubereitung der Waffeln:
Alle Zutaten in eine Schüssel geben und mit einem elektrischen Handrühr-
gerät auf höchster Stufe 3–5 Minuten locker und schaumig rühren.
Die Waffeln hellbraun backen.

Zubereitung der Mousse au chocolat:
Die Eigelbe zusammen mit dem Zucker schaumig schlagen, dann den
Weinbrand oder den Cognac dazugeben.
Diese Masse im Wasserbad unter ständigem Schlagen erhitzen.
Anschließend im Eiswasserbad so lange schlagen, bis sie abgekühlt ist.
Die Schokolade und den Kaffee erhitzen, bis die Schokolade geschmolzen
ist.
Die Butter in kleinen Flöckchen darunterschlagen und dann den steifen
Schnee aus 2 Eiweißen darunterziehen.
Diese Schokoladenmischung langsam unter die Eicreme rühren.
Inzwischen die Birnen abtropfen lassen.
Auf die warmen Waffeln etwas Schokoladenmousse streichen, darauf je
1 geachtelte Birne verteilen und obendrauf wieder etwas Mousse geben.
Die Birnen nach Geschmack mit Birnengeist beträufeln.
Die Schlagsahne mit dem Vanillezucker halbsteif schlagen und getrennt
zu den Waffeln servieren.

Zitronencremewaffeln

Zutaten für 6 Waffeln:
125 g Butter, abgeriebene Schqle von 1 unbehandelten Zitrone,
125 g Zucker, Salz, 4 Eier, 150 g Mehl, 150 g Stärkemehl,
1/2 TL Backpulver;

Zutaten für die Zitronencreme:
1 P. Erfrischungsspeise Zitrone, 100 g Butter oder 1 Becher Magerjoghurt;

außerdem:
Schokoladenraspeln zum Verzieren.

Zubereitung der Waffeln:
Alle Zutaten in eine Schüssel geben und mit einem elektrischen Handrührgerät auf höchster Stufe 3−5 Minuten locker und schaumig rühren.
Die Waffeln goldbraun backen. Sie können heiß oder kalt mit der Zitronen-
creme serviert werden.

Zubereitung der Zitronencreme:
Die Erfrischungsspeise nach Anweisung auf der Packung zubereiten. Die
Creme abkühlen lassen.
Inzwischen die Butter schaumig rühren und die erkaltete Creme eßlöffel-
weise unter die Butter oder den Joghurt mischen.
Die fertige Creme auf die kalten oder warmen Waffeln streichen und mit
reichlich Schokoladenraspeln verzieren.

Ambrosiawaffeln

Zutaten für 6 Waffeln:
*120 g Butter, 100 g Puderzucker, 4 Eier,
abgeriebene Schale von 1/2 unbehandelten Zitrone, 150 g Mehl,
1/4 l süße Sahne;*

Zutaten für die Ambrosiacreme:
*1/2 l saure Sahne, 150 g Zucker, 2 Eier, 1–2 EL Rumtopfflüssigkeit,
Saft von 1/2 Zitrone, 1 Vanilleschote, 5 Blatt weiße und 1 Blatt rote Gelatine,
2 EL Wasser, 1/8 l süße Sahne;*

Zutaten für die Garnierung:
Rumtopffrüchte, 1/8 l süße Sahne, Schokoladenraspeln.

Zubereitung der Waffeln:
Alle Zutaten bis auf die Sahne in eine Schüssel geben und mit einem elektrischen Handrührgerät auf höchster Stufe 3–5 Minuten schaumig und locker rühren. Die Waffeln goldbraun backen.

Zubereitung der Ambrosiacreme:
Die saure Sahne zusammen mit dem Zucker und den Eigelben schaumig schlagen. Mit der Rumtopfflüssigkeit, dem Zitronensaft und dem aus der Vanilleschote geschabten Mark abschmecken.
Die in kaltem Wasser eingeweichte, ausgedrückte und dann in etwas heißem Wasser aufgelöste Gelatine dazugeben und die Creme in den Kühlschrank stellen.
Inzwischen die Eiweiße zu steifem Schnee schlagen und die süße Sahne ebenfalls steif schlagen.
Wenn die Creme im Kühlschrank halbfest geworden ist, zuerst den Eischnee und anschließend die Schlagsahne vorsichtig unterziehen.
Die fertige Creme auf die Waffeln geben und mit Schlagsahnetupfern, Rumtopffrüchten nach Geschmack und Schokoladenraspeln verzieren.

Waffeln mit Weincreme

Zutaten für 6 Waffeln:
125 g Margarine, abgeriebene Schale von 1 unbehandelten Zitrone,
125 g Zucker, Salz, 4 Eier, 150 g Mehl, 150 g Stärkemehl,
1/2 TL Backpulver;

Zutaten für die Weincreme:
5 Eier, 3 TL Stärkemehl, 3/8 l Wein, 125 g Zucker, Saft von 2 Zitronen,
abgeriebene Schale von 1 unbehandelten Zitrone, Makronen.

Zubereitung der Waffeln:
Alle Zutaten in eine Schüssel geben und mit einem elektrischen Handrühr-
gerät 3–5 Minuten locker und schaumig rühren.
Die Waffeln goldbraun backen.

Zubereitung der Weincreme:
Die Eier schaumig schlagen. Dann das Stärkemehl, den Wein sowie den
Zucker dazugeben. Wenn der Wein zuviel Säure hat, kann man auch noch
etwas mehr Zucker nehmen. Anschließend den Zitronensaft und die abgeriebene Zitronenschale darunterrühren.
Diese Mischung in einer Schüssel im heißen Wasserbad bei starker Hitze
schlagen, sie darf aber auf keinen Fall kochen!
Kurz vor dem Kochen aus dem Wasserbad nehmen und noch eine Weile
weiterschlagen.
Die Weincreme abkühlen lassen und zusammen mit den Makronen zu den
fertigen, heißen Waffeln servieren.

Weincremewaffeln mit Erdbeeren

Zutaten für 8 Waffeln:
*125 g Butter, 1 EL Zucker, 4 Eier, 250 g Mehl, 1/4 l Milch, Salz,
abgeriebene Schale von 1/2 unbehandelten Zitrone;*

Zutaten für die Weincreme:
*6 Blatt weiße Gelatine, 4 Eigelb, 100 g Zucker, 1/4 l Weißwein,
2 EL Weinbrand oder Cognac, Saft von 1 Zitrone, 1/8 l süße Sahne,
250 g Erdbeeren;*

außerdem:
Puderzucker zum Bestreuen.

Zubereitung der Waffeln:
Die Butter, den Zucker und die Eigelbe schaumig rühren. Abwechselnd
das Mehl und die Milch dazugeben. Zuletzt die zu steifem Schnee geschlagenen Eiweiße darunterziehen.
Die Waffeln goldbraun backen.

Zubereitung der Weincreme:
Die Gelatine etwa 5 Minuten in kaltem Wasser einweichen.
Die Eigelbe zusammen mit dem Zucker schaumig schlagen.
Den Wein, den Weinbrand oder den Cognac und den Zitronensaft darun-
terrühren.
3 Eßlöffel Wasser zum Kochen bringen.
Den Topf vom Herd nehmen und die ausgedrückte Gelatine in das Wasser
geben. Nun die aufgelöste Gelatine unter ständigem Rühren in die Creme
gießen.
Die fertige Weincreme in den Kühlschrank stellen.
Anschließend die Erdbeeren waschen und einige besonders schöne Früch-
te zurückbehalten. Die anderen halbieren, in eine Schüssel geben und beiseite stellen.
Die 4 Eiweiße zu Eischnee schlagen und anschließend die süße Sahne steif
schlagen.
Wenn die Weincreme halbfest geworden ist, vorsichtig den Eischnee und
danach die Schlagsahne darunterheben.
Von der Schlagsahne etwas zum Garnieren zurückbehalten.
Auf die fertigen Waffeln zuerst etwas Puderzucker, dann halbierte Erdbee-

ren und abschließend Weincreme geben. Auf die Weincreme ein wenig Schlagsahne streichen und obendrauf eine ganze Erdbeere setzen.

Man kann auch auf die Weincreme eine zweite Waffel legen, dann die Schlagsahne auf die Waffel geben und alles mit einer ganzen Erdbeere krönen.

Waffeln mit süßem Hüttenkäse

Zutaten für 8 Waffeln:
125 g Butter, 1 EL Zucker, 4 Eier, 250 g Mehl, 1/4 l Milch, Salz, abgeriebene Schale von 1/2 unbehandelten Zitrone;

Zutaten für den Hüttenkäse:
4 Bananen, 1 P. Hüttenkäse, 4 EL Honig, Zitronensaft;

außerdem:
4 EL Schokoladenraspeln, Cocktailkirschen zum Verzieren.

Zubereitung der Waffeln:
Die Butter, den Zucker und die Eigelbe schaumig rühren. Abwechselnd das Mehl und die Milch dazugeben. Salz und abgeriebene Zitronenschale unterrühren. Zuletzt das zu Schnee geschlagene Eiweiß unterziehen.

Zubereitung des Hüttenkäses:
Die Bananen schälen und mit einer Gabel zerdrücken.
Das Bananenmus und den Hüttenkäse miteinander vermischen.
Die Mischung mit dem Honig und etwas Zitronensaft abschmecken.
Den fertigen Hüttenkäse auf die Waffeln geben und mit den Schokoladen-raspeln und den Cocktailkirschen verzieren.

Waffeln mit Rumkäsecreme

Zutaten für 5 Waffeln:
150 g Butter, 150 g Zucker, 3 Eier,
abgeriebene Schale von 1/2 unbehandelten Zitrone, 1 EL Rum,
150 g Mehl, 1/2 TL Backpulver;

Zutaten für die Käsecreme:
1 P. Hüttenkäse, 4 EL gehackte Haselnüsse, 4 EL Schokoladenraspeln,
8 EL gehackte Rumfrüchte, 4 TL Zucker;

außerdem:
1/8 l süße Sahne, eventuell Rum.

Zubereitung der Waffeln:
Alle Zutaten in eine Schüssel geben und mit einem elektrischen Handrühr-
gerät auf höchster Stufe 3–5 Minuten locker und schaumig rühren.
Die Waffeln goldbraun backen.

Zubereitung der Käsecreme:
Den Hüttenkäse mit einer Gabel auflockern und die Haselnüsse, die Scho-
koladenraspeln und die Rumfrüchte darunterheben. Mit dem Zucker ab-
schmecken und bei Bedarf nachsüßen.
Die süße Sahne nach Geschmack zusammen mit Zucker steif schlagen.
Den Hüttenkäse auf die fertigen Waffeln geben, darauf einen Klecks
Sahne geben und nach Geschmack etwas Rum daraufträufeln.

Farbtafel 6: Maracujaeis-Waffeltorte (Rezept Seite 52)

Verschiedene Marmelade-Obst-Waffeln *(Farbtafel 4)*

Zutaten für 8 Waffeln:
*125 g Butter, 1 EL Zucker, 4 Eier, 250 g Mehl, 1/4 l Milch, Salz,
abgeriebene Schale von 1/2 unbehandelten Zitrone;*

Zutaten zum Belegen:
1. *3 EL Erdbeermarmelade, 100 g Erdbeeren;*
2. *3 EL Himbeermarmelade, 100 g Himbeeren, eventuell Himbeergeist;*
3. *3 EL Johannisbeergelee, 1 große Banane;*
4. *3 EL Johannisbeergelee, Weintrauben;*
5. *3 EL Orangenmarmelade, 1 Klementine
oder Mandarinenscheiben aus der Dose.*

Zubereitung der Waffeln:
Die Butter, den Zucker und die Eigelbe schaumig rühren.
Abwechselnd das Mehl und die Milch dazugeben.
Zuletzt die zu steifem Schnee geschlagenen Eiweiße darunterziehen sowie
das Salz und die Zitronenschale hinzufügen.
Das Waffeleisen erhitzen, einfetten und den Teig teelöffelweise zu gold-
braunen Waffeln backen.

1. Die heißen Waffeln mit der Erdbeermarmelade bestreichen und die gewaschenen und halbierten Erdbeeren daraufsetzen. Man kann auch
   tiefgekühlte oder eingemachte Erdbeeren verwenden.
2. Die Waffeln mit der Himbeermarmelade bestreichen und darauf die gewaschenen frischen oder aufgetauten Himbeeren setzen. Nach Geschmack kann man darüber Himbeergeist träufeln.
3. Die Waffeln mit dem Johannisbeergelee bestreichen. Die Banane schälen, in Scheiben schneiden und darauflegen.
4. Die Waffeln mit dem Johannisbeergelee bestreichen. Die Weintrauben
   waschen, halbieren, entkernen und daraufsetzen.
5. Die Waffeln mit der Orangenmarmelade bestreichen. Die Klementine
   schälen, in Spalten teilen und darauflegen bzw. die abgetropften Mandarinen aus der Dose auf die Waffeln geben.

Marzipanwaffeln mit Schokoladensoße (Farbtafel 5)

Zutaten für 6 Waffeln:
*120 g Butter, 100 g Puderzucker, 4 Eier,
abgeriebene Schale von 1/2 unbehandelten Zitrone, 150 g Mehl,
1/4 l süße Sahne;*

Zutaten für den Marzipanbelag:
100 g Marzipanrohmasse, 30 g Puderzucker, 2 EL Kirschwasser;

Zutaten für die Schokoladensoße:
1 P. Schokoladensoße, 1/2 Tafel Zartbitterschokolade.

Zubereitung der Waffeln:
Alle Zutaten bis auf die Sahne in eine Schüssel geben und mit einem elektrischen Handrührgerät auf höchster Stufe 3−5 Minuten locker und schaumig rühren. Die steifgeschlagene Sahne darunterziehen.
Die Waffeln goldbraun backen.

Zubereitung des Marzipanbelages:
Aus den Zutaten eine feste Masse kneten und diese auf die heißen Waffeln streichen.
Die Schokoladensoße nach Anweisung auf der Packung zubereiten, die Schokolade zerbröckeln, bei schwacher Wärmezufuhr darin auflösen und alles über die Waffeln gießen.

Tip: Diese Waffeln schmecken auch sehr gut mit einem Belag aus Bananenscheiben, über die man dann die Schokoladensoße gießt. Darauf setzt man Sahnetupfen und je eine kandierte Kirsche.

Waffeln mit Zimtsahne

Zutaten für 6 Waffeln:
*125 g Butter, abgeriebene Schale von 1 unbehandelten Zitrone,
125 g Zucker, Salz, 4 Eier, 150 g Mehl, 150 g Stärkemehl,
1/2 TL Backpulver;*

Zutaten für die Zimtsahne:
1/4 l süße Sahne, 1 P. Vanillezucker, 1 TL Zimt, eventuell Eierlikör.

Zubereitung der Waffeln:
Alle Zutaten in eine Schüssel geben und mit einem elektrischen Handrühr-
gerät auf höchster Stufe 3–5 Minuten locker und schaumig rühren.
Die Waffeln goldbraun backen.

Zubereitung der Zimtsahne:
Die Schlagsahne zusammen mit dem Vanillezucker und dem Zimt steif
schlagen und entweder auf jede Waffel vor dem Servieren etwas Sahne geben oder die Sahne getrennt zu den fertigen Waffeln servieren.
Man kann nach Geschmack abschließend darüber einen Schuß Eierlikör
geben.

Waffeln mit Karamelnüssen und Schokoladensoße

Zutaten für 8 Waffeln:
125 g Butter, 1 EL Zucker, 4 Eier, 250 g Mehl, 1/4 l Milch, Salz, abgeriebene Schale von 1/2 unbehandelten Zitrone;

Zutaten für die Karamelnüsse:
200 g Haselnüsse, 100 g Puderzucker, geschmacksneutrales Pflanzenöl;

Zutaten für die Schokoladensoße:
100 g Nougat, 100 g Zartbitterschokolade, 2 EL Rum, 1/8 l süße Sahne.

Zubereitung der Waffeln:
Die Butter, den Zucker und die Eigelbe schaumig rühren.
Abwechselnd das Mehl und die Milch dazugeben.
Zuletzt die zu steifem Schnee geschlagenen Eiweiße darunterziehen sowie das Salz und die Zitronenschale hinzufügen.
Das Waffeleisen erhitzen, einfetten und den Teig teelöffelweise zu goldbraunen Waffeln backen.

Zubereitung der Karamelnüsse:
Die Nüsse zusammen mit dem Puderzucker und einigen Tropfen Öl unter ständigem Rühren in einer Pfanne braun rösten.

Zubereitung der Schokoladensoße:
Das Nougat und die Schokolade im heißen Wasserbad auflösen.
Sobald die Schokolade geschmolzen ist, den Rum und die Sahne hinzufügen.
Auf die heißen Waffeln zuerst eine Schicht geröstete Nüsse geben und anschließend die Schokoladensoße darübergießen.

Schokoladentraum

Zutaten für 8 Waffeln:
*125 g Butter, 1 EL Zucker, 4 Eier, 250 g Mehl, 1/4 l Milch, Salz,
abgeriebene Schale von 1/2 unbehandelten Zitrone;*

Zutaten für die Schokoladensahne:
*1/4 l süße Sahne, 100 g Mandelsplitterschokolade, 100 g Rahmfrischkäse,
1 EL Kirschlikör;*

außerdem:
*eingemachte Sauerkirschen (Schattenmorellen oder Frühe Ludwig),
Mandelsplitter zum Verzieren.*

Zubereitung der Waffeln:
Die Butter, den Zucker und die Eigelbe schaumig rühren.
Abwechselnd das Mehl und die Milch dazugeben.
Zuletzt die zu steifem Schnee geschlagenen Eiweiße darunterziehen sowie
das Salz und die Zitronenschale hinzufügen.
Das Waffeleisen erhitzen, einfetten und den Teig teelöffelweise zu gold-
braunen Waffeln backen.

Zubereitung der Schokoladensahne:
Die süße Sahne steif schlagen und ein wenig davon zur Garnierung beiseite stellen.
Die Schokolade im Wasserbad schmelzen.
Den Frischkäse mit einer Gabel zerdrücken und unter die Schokolade
rühren.
Den Kirschlikör dazugeben und diese Masse vorsichtig unter die steifgeschlagene Sahne heben.
Auf die heißen Waffeln zuerst eine Schicht Schokoladensahne streichen,
darauf die abgetropften Sauerkirschen – Menge nach Geschmack – geben
und dann wieder eine Schicht Schokoladensahne.
Abschließend mit Sahnetupfen verzieren und Mandelsplitter darüberstreuen.

Schokolade-Mandarinen-Waffeln

Zutaten für 6 Waffeln:
*125 g Margarine, 1 P. Citro-back, 125 g Zucker, Salz, 4 Eier, 150 g Mehl,
150 g Stärkemehl, 1/2 TL Backpulver;*

Zutaten für die Schokoladencreme:
*4 Eier, 3 EL Zucker, 2 EL Rum, 170 g Halbbitterschokolade, 3 EL Wasser,
1 EL Instantkaffee, 125 g weiche Butter;*

außerdem:
*1 Dose Mandarinen, eventuell 3 EL Orangenlikör,
Mandelblättchen zum Bestreuen.*

Zubereitung der Waffeln:
Alle Zutaten in eine Schüssel geben und mit einem elektrischen Handrühr-
gerät auf höchster Stufe 3–5 Minuten locker und schaumig rühren.
Die Waffeln goldbraun backen.

Zubereitung der Schokoladencreme:
Die Eigelbe zusammen mit dem Zucker in einer Schüssel im heißen Wasserbad schaumig schlagen.
Den Rum dazugeben und die Masse etwa 3 Minuten weiterschlagen, bis
sie heiß ist. Die Creme abkühlen lassen und dabei ab und zu durchschla-
gen.
Die Schokolade zerbröckeln, zusammen mit dem Wasser und dem Kaffee
in einen Topf geben, erhitzen und schmelzen lassen. Die Mischung abkühlen lassen.
Jetzt die weiche Butter schaumig rühren und zuerst die Eigelbcreme und
dann die Schokoladenmasse darunterziehen.
Die fertigen Waffeln dick mit der Schokoladencreme bestreichen.
Darauf abgetropfte Mandarinen geben und abschließend mit Mandelblättchen bestreuen.
Man kann die Mandarinen auch vorher in etwas Orangenlikör ziehen
lassen.

Waffeln mit Vanillecreme

Zutaten für 6 Waffeln:
*125 g Butter, abgeriebene Schale von 1 unbehandelten Zitrone,
125 g Zucker, Salz, 4 Eier, 150 g Mehl, 150 g Stärkemehl,
1/2 TL Backpulver;*

Zutaten für die Vanillecreme:
*6 Blatt weiße Gelatine, 1/8 l Milch, 100 g Zucker, 1 kleine Vanilleschote,
6 Eigelb, 200 g süße Sahne, 2 cl Weinbrand oder Cognac.*

Zubereitung der Waffeln:
Alle Zutaten in eine Schüssel geben und mit einem elektrischen Handrührgerät auf höchster Stufe 3–5 Minuten locker und schaumig rühren.
Die Waffeln goldbraun backen.

Zubereitung der Vanillecreme:
Die Gelatine in kaltem Wasser einweichen.
Die Milch und den Zucker miteinander verrühren und zusammen mit dem Mark der Vanilleschote erhitzen. Die Milch darf aber auf keinen Fall kochen!
Die Eigelbe unter ständigem Schlagen mit einem Schneebesen in die Milch geben.
Die ausgedrückte Gelatine im Wasserbad auflösen und in die Vanillemilch rühren.
Den Topf vom Herd nehmen und zum Abkühlen in kaltes Wasser stellen. Ab und zu umrühren. Die Sahne steif schlagen.
Die Schlagsahne und den Weinbrand oder Cognac unter die fast abgekühlte Vanillecreme heben.
Die fertigen, heißen Waffeln und die Vanillecreme getrennt servieren. Nach Geschmack kann man dazu frische Früchte reichen.
Besonders gut schmecken Erdbeeren, Himbeeren oder Kiwis dazu.

Waffeln mit Honigguß

Zutaten für 6 Waffeln:
5 Eier, 100 g Mehl, 1 TL Kardamom, 1/2 Becher saure Sahne, 50 g Butter;

Zutaten für den Honigguß:
*1/4 l Wasser, Saft von 1/2 Zitrone, 450 g Zucker, etwa 5 EL Honig,
1 TL abgeriebene Schale von 1 unbehandelten Orange,
eventuell 2 EL Alkohol (z. B. Danziger Goldwasser).*

Zubereitung der Waffeln:
Alle Zutaten in eine Schüssel geben und mit einem elektrischen Handrührgerät auf höchster Stufe 3–5 Minuten locker und schaumig rühren.
Die Waffeln goldbraun backen.

Zubereitung des Honiggusses:
Das Wasser zusammen mit dem Zitronensaft und dem Zucker in einem Topf zum Kochen bringen und so lange rühren, bis sich der Zucker gelöst hat.
5–10 Minuten sprudelnd kochen lassen.
Die Temperatur herunterschalten und nun den Honig und die Orangenschale dazugeben.
Die Mischung noch weitere 5–10 Minuten leich kochen lassen.
Die noch warme Waffel mehrmals mit einer Gabel einstechen und dann den Honigguß darübergeben.

Tip: Der Guß schmeckt noch besser, wenn Sie ihn mit etwas Alkohol abschmecken. Dann muß man zunächst allerdings 2 Eßlöffel Wasser wegnehmen, die erst nach dem Kochen durch die 2 Eßlöffel Alkohol ersetzt werden.

Farbtafel 7: Käsewaffeln (Grundrezept II Seite 55)

Walnußcremewaffeln

Zutaten für 6 Waffeln:
*125 g Margarine, abgeriebene Schale von 1 unbehandelten Zitrone,
125 g Zucker, Salz, 4 Eier, 150 g Mehl, 150 g Stärkemehl,
1/2 TL Backpulver;*

Zutaten für die Walnußcreme:
*125 g Walnußkerne, 2 Blatt weiße Gelatine, 3 Eier, 75 g Zucker,
Saft von 1 Orange, 1 EL Orangenlikör.*

Zubereitung der Waffeln:
Alle Zutaten in eine Schüssel geben und mit einem elektrischen Handrühr-
gerät auf höchster Stufe 3–5 Minuten locker und schaumig rühren.
Aus je etwa 1 Eßlöffel Teig goldbraune Waffeln backen.

Zubereitung der Walnußcreme:
Von den Walnußkernen einige zum Verzieren zurückbehalten, die rest-
chen klein hacken.
Die Gelatine in kaltem Wasser einweichen.
Die Eigelbe zusammen mit dem Zucker sehr schaumig schlagen.
Die gehackten Walnüsse, den Orangensaft und den Orangenlikör darun-
terrühren.
Die Gelatine ausdrücken. 3 Eßlöffel Wasser in einem kleinen Topf erhitzen
und die ausgedrückte Gelatine darin unter Rühren auflösen. Die aufge-
löste Gelatine unter die Nußmasse geben.
Die Creme in den Kühlschrank stellen und halbfest werden lassen.
Inzwischen aus den Eiweißen sehr steifen Schnee schlagen. Diesen vor-
sichtig unter die halbfeste Nußcreme ziehen.
Die Walnußcreme auf die fertigen Waffeln streichen und mit einigen ganzen Walnußkernen und eventuell Apfelsinenspalten verzieren.

Waffeltorten

Beschwipste Waffeltorte

Zutaten für 4–5 Waffeln:
150 g Butter, 150 g Zucker, 3 Eier,
abgeriebene Schale von 1/2 unbehandelten Zitrone, 1 EL Rum,
150 g Mehl, 1/2 TL Backpulver;

Zutaten für die Tortenfüllung:
3/4 l Rumtopfinhalt mit Früchten, 6 Blatt weiße Gelatine,
1/2 l süße Sahne, Zucker;

außerdem:
Schlagsahne und Rumtopffrüchte zum Garnieren.

Zubereitung der Waffeln:
Alle Zutaten in eine Schüssel geben und mit einem elektrischen Handrühr-
gerät auf höchster Stufe 3–5 Minuten locker und schaumig rühren.
Für die Torte benötigt man 4 goldbraune abgekühlte Waffeln.

Zubereitung der Füllung:
Die Rumtopfflüssigkeit mit Früchten mit der in kaltem Wasser eingeweich-
ten, ausgedrückten und dann in etwas heißem Wasser aufgelösten Gelatine andicken.
Die Masse in den Kühlschrank stellen.
Wenn die Masse fast steif ist, den ersten abgekühlten Waffelboden damit
bestreichen. Auf diese Schicht streicht man die mit Zucker nach Geschmack steifgeschlagene Sahne.
Auf die Sahne wiederum legt man den nächsten mit Rumtopfmasse und
Sahne bestrichenen Waffelboden. Noch ein dritter Waffelboden wird auf
diese Weise bestrichen. Obendrauf kommt ein Waffelboden, den man nur
mit Sahnetupfen und eventuell mit abgetropften Rumtopffrüchten gar-
niert.

Erdbeereis-Waffeltorte

Zutaten für 6 Waffeln:
siehe Grundrezept I oder II;

Zutaten für die Eisfüllung:
*250 g Erdbeeren, 25 g geriebene Vollmilchschokolade,
25 g gemahlene Haselnüsse, 1/8 l süße Sahne, Zucker;*

außerdem:
süße Sahne, ganze Erdbeeren und Schokoladenraspeln zum Verzieren.

Zubereitung der Waffelböden:
Aus den Zutaten nach dem Grundrezept einen Waffelteig herstellen und daraus 4 goldbraune Waffeln backen. Getrennt gut abkühlen lassen.

Zubereitung der Eiscreme:
Die Erdbeeren waschen und besonders schöne zur Verzierung beiseite legen.
Die Erdbeeren mit der Gabel zerdrücken und das Mus mit der geriebenen Schokolade und den Haselnüssen vermischen.
Die Sahne steif schlagen und unter die Mischung ziehen. Nach Geschmack mit Zucker süßen.
Die Erdbeermischung im Gefrierfach zu Eis gefrieren lassen.
Ehe das Eis hart gefroren ist, aus dem Gefrierfach nehmen und 3 Waffelböden dick damit bestreichen.
Diese 3 Waffeln vorsichtig aufeinandersetzen.
Auf die obere Eiscremeschicht eine Waffel setzen.
Diese Waffel mit Schlagsahnetupfen und den ganzen Erdbeeren verzieren.
Abschließend Schokoladenraspeln darüberstreuen und die Torte sofort servieren.

Maracujaeis-Waffeltorte

(Farbtafel 6)

Zutaten für 6 Waffeln:
siehe Rezept „Waffeln mit Schlagsahne";

Zutaten für die Füllung:
1 P. Maracuja-Vanille-Eiscreme, 1 kleine Dose Mandarinen, eventuell 4 TL Mandarinenlikör, 1/8 l süße Sahne, Zucker;

außerdem:
Mandelblättchen zum Verzieren, Butter.

Zubereitung der Waffelböden:
Aus den Zutaten einen Waffelteig zubereiten und daraus 4 goldbraune Waffeln backen. Diese getrennt gut abkühlen lassen.

Zubereitung der Torte:
Die Eiscreme in dünne Scheiben schneiden und 3 Waffelböden damit belegen. Zwischen die Eisscheiben und außen herum die abgetropften Mandarinenscheibchen legen.
Die Sahne zusammen mit dem Zucker steif schlagen und Sahnetupfen auf die belegten Waffelböden geben. Die 3 Waffelböden aufeinandersetzen.
Zuletzt den 4. Waffelboden daraufsetzen und mit Sahne sowie Mandarinenscheibchen verzieren.
Die Mandelblättchen in Butter rösten und darüberstreuen.
Nach Geschmack kann man auf das Eis immer etwas Mandarinenlikör träufeln. Man kann auch die Mandarinenscheibchen mit dem Mandarinenlikör ziehen lassen.

Obsttörtchen

Zutaten für 5 Waffeln:
150 g Butter, 150 g Zucker, 3 Eier,
abgeriebene Schale von 1/2 unbehandelten Zitrone, 1 EL Rum, 150 g Mehl,
1/2 TL Backpulver;

Zutaten für den Belag:
1. *500 g Erdbeeren, 1 P. roter Tortenguß, 1/4 l süße Sahne, 1 EL Zucker;*
2. *1 Dose Aprikosen, 1 P. gelber Tortenguß, 1/4 l süße Sahne, 1 EL Zucker;*

außerdem:
Mandelblättchen zum Verzieren.

Zubereitung der Waffeln:
Alle Zutaten in eine Schüssel geben und mit einem elektrischen Handrühr-
gerät auf höchster Stufe 3–5 Minuten locker und schaumig rühren.
Pro Waffel benötigt man von diesem festeren Teig 3 Eßlöffel.
Die Waffeln goldbraun backen und abkühlen lassen.

Zubereitung der Beläge:
1. Die Erdbeeren waschen, halbieren und auf die Waffeln legen. Den Tortenguß nach Anweisung auf der Packung zubereiten und über die Erdbeeren geben.
   Die Schlagsahne zusammen mit dem Zucker steif schlagen und darauf-
   streichen. Mit Mandelblättchen bestreuen.
   Man kann bei den Erdbeeren auch auf den Tortenguß verzichten und
   nur etwas Zucker daraufstreuen und sie dann mit Schlagsahne und
   Mandelblättchen garnieren.
   Die fertigen Törtchen sollten nicht zu lange stehen, da sonst der Waffelboden aufweicht.
2. Bei der anderen Variante läßt man die Aprikosen aus der Dose gut abtropfen und belegt die Waffelböden mit den halben Aprikosen.
   Den Tortenguß nach Anweisung auf der Packung zubereiten und darauf verteilen.
   Die Sahne zusammen mit dem Zucker steif schlagen und auf den Früchten verteilen. Zuletzt mit Mandelblättchen bestreuen.

Tip: Die Obsttörtchen kann man nach Geschmack mit jedem beliebigen frischen oder eingemachten Obst belegen. Es empfiehlt sich, das Obst immer gut abtropfen zu lassen, um ein zu schnelles Durchweichen des Waffelbodens zu verhindern.
Besonders gut schmeckt es, wenn man zuerst etwas Vanillecreme auf die Waffel streicht und dann das Obst darauflegt.

Pikante Waffeln

Grundrezept I

Zutaten für 8 Waffeln:
*125 g Butter, 4 Eier, 250 g Mehl, 1/4 l Milch, Salz,
abgeriebene Schale von 1/2 unbehandelten Zitrone;*

außerdem:
geriebener Schweizer Käse und eventuell Paprika zum Bestreuen.

Zubereitung der Waffeln:
Die Butter und die Eigelbe schaumig rühren. Abwechselnd das Mehl und
die Milch dazugeben.
Zuletzt die zu steifem Schnee geschlagenen Eiweiße darunterziehen sowie
das Salz und die Zitronenschale hinzufügen.
Die Waffeln goldbraun backen und nach Geschmack mit geriebenem
Schweizer Käse teelöffelweise bestreuen.
Man kann nach Geschmack noch etwas Paprikapulver darüberstreuen.

Grundrezept II   (Farbtafel 7)

Zutaten für 4 Waffeln:
*60 g Butter, 60 g geriebener Käse, 4 EL Milch, 1 gestr. TL Backpulver,
200 g Mehl, 4 Eier.*

Zubereitung der Waffeln:
Alle Zutaten in eine Schüssel geben und mit einem elektrischen Handrühr-
gerät auf höchster Stufe 3–5 Minuten locker und schaumig rühren.
Die Waffeln goldbraun backen.
Sie schmecken warm und kalt, bei den warmen ist allerdings der Käsege-
schmack deutlicher.
Dieser Geschmack läßt sich mit verschiedenen Käsebelägen noch beson-
ders betonen:

1. Zutaten für die Frischkäsecreme:
*2 P. Frischkäse, 4 TL Butter, 2 TL Paprika, 1 EL süße Sahne,
Paprika und 3 EL Schnittlauchröllchen zum Garnieren.*

Zubereitung der Frischkäsecreme:
Den Frischkäse zusammen mit der Butter, dem Paprika und der Sahne zu
einer glatten Creme verrühren.

Die Waffeln damit bestreichen und abschließend mit Paprikapulver und Schnittlauchröllchen bestreuen.

2. Zutaten für die Hüttenkäsecreme:

2 P. Hüttenkäse, gehackte Petersilie, frische Kresse, Schnittlauchröllchen, Salz, frisch gemahlener Pfeffer, Kresse zum Garnieren.

Zubereitung der Hüttenkäsecreme:

Den Hüttenkäse nach Geschmack mit den gewaschenen und gehackten Kräutern mischen und mit Salz und Pfeffer abschmecken.
Die Waffeln mit der Creme bestreichen und mit frischer Kresse garnieren.

Grundrezept III

Zutaten für 6 Waffeln:

125 g Butter, 3 Eier, 250 g Mehl, 1 gestr. TL Backpulver, Salz, 1/8 l Wasser.

Zubereitung:

Alle Zutaten in eine Schüssel geben und mit einem elektrischen Handrührgerät auf höchster Stufe 3–5 Minuten locker und schaumig rühren.
Goldbraune Waffeln backen.

Überbackene Champignonwaffeln

Zutaten für 4 Waffeln:

60 g Butter, 60 g geriebener Käse, 1 gestr. TL Backpulver, 200 g Mehl, 4 Eier, 4 EL Milch;

Zutaten für den Belag:

1 kleine Dose Champignons in Scheiben, 100 g geriebener Käse.

Zubereitung der Waffeln:

Alle Zutaten in eine Schüssel geben und mit einem elektrischen Handrührgerät auf höchster Stufe 3–5 Minuten locker und schaumig rühren.
Die Waffeln goldbraun backen.

Zubereitung des Belags:

Die Champignons gut abtropfen lassen.
Die abgetropften Pilze auf die Waffeln geben, den geriebenen Käse dick darüberstreuen und alles in einem Grill überbacken, bis der Käse zerlaufen ist.

Farbtafel 8: Schinkenwaffeln (Rezept Seite 59)

Hawaiiwaffeln

Zutaten für 4 Waffeln:
*60 g Butter, 60 g geriebener Käse, 4 EL Milch, 1 gestr. TL Backpulver,
200 g Mehl, 4 Eier;*

Zutaten für den Belag:
*4 Scheiben gekochter Schinken,
4 Scheiben Ananas (frisch oder aus der Dose),
4 Scheiben Gouda oder Tilsiter;*

außerdem:
kandierte Kirschen zum Garnieren.

Zubereitung der Waffeln:
Alle Zutaten in eine Schüssel geben und mit einem elektrischen Handrühr-
gerät auf höchster Stufe 3–5 Minuten locker und schaumig rühren.
Die Waffeln hellbraun backen.

Zubereitung des Belags:
Auf die fertigen Waffeln je 1 Scheibe Schinken, 1 gut abgetropfte Scheibe
Ananas und abschließend 1 Scheibe Käse legen.
Die belegten Waffeln so lange im Grill überbacken, bis der Käse gut zer-
laufen ist.
Auf die fertig überbackenen Waffeln in das Loch der Ananas, in das der
Käse gelaufen ist, eine kandierte Kirsche legen.

Überbackene Käsewaffeln

Zutaten für 4 Waffeln:
*60 g Butter, 60 g geriebenen Käse, 4 EL Milch, 1 gestr. TL Backpulver,
200 g Mehl, 4 Eier;*

Zutaten für den Belag:
4 Scheiben gekochter Schinken, 4 Scheiben Chesterkäse;

außerdem:
Petersilie und eingelegte Paprikastreifen zum Belegen.

Zubereitung der Waffeln:
Alle Zutaten in eine Schüssel geben und mit einem elektrischen Handrühr-
gerät auf höchster Stufe 3–4 Minuten locker und schaumig rühren.
Die Waffeln goldbraun backen.

Zubereitung des Belags:
Die Waffeln mit je 1 Schinkenscheibe belegen. Die Scheiben eventuell
halbieren, damit sie nicht überhängen.
Darauf je 1 Käsescheibe geben und die Waffel im Grill so lange überbacken, bis der Käse geschmolzen ist.
Die Waffeln anschließend mit frischer, gewaschener Petersilie und eingelegten Paprikastreifen garnieren und sofort servieren.

Schinkenwaffeln

(Farbtafel 8)

Zutaten für 4 Waffeln:
60 g Butter, 60 g geriebener Käse, 4 EL Milch, 1 gestr. TL Backpulver, 200 g Mehl, 4 Eier;

Zutaten für den Belag:
200 g frische Champignons, 150 g gekochter Schinken, 2 EL Butter, Basilikum, gehackte Petersilie.

Zubereitung der Waffeln:
Alle Zutaten in eine Schüssel geben und mit einem elektrischen Handrührgerät auf höchster Stufe 3–5 Minuten locker und schaumig rühren.
Die Waffeln goldbraun backen.

Zubereitung des Belags:
Die Champignons waschen, putzen und blättrig schneiden.
Den Schinken sehr klein würfeln.
Die Butter in einer Pfanne erhitzen, aber nicht braun werden lassen.
Die geschnittenen Champignons und den Schinken in der heißen Butter so lange dünsten, bis die Pilze gar, aber noch knackig sind.
Den Pfanneninhalt mit Basilikum und gehackter Petersilie abschmecken.
Diese Mischung heiß auf die Waffeln geben. Sofort servieren.

Überbackene Spargelwaffeln

Zutaten für 4 Waffeln:
60 g Butter, 60 g geriebener Käse, 4 EL Milch, 1 gestr. TL Backpulver, 200 g Mehl, 4 Eier;

Zutaten für den Belag:
1 kleine Dose Spargel oder Spargelstücke, 100 g gekochter Schinken, 100 g geriebener Käse.

Zubereitung der Waffeln:
Alle Zutaten in eine Schüssel geben und mit einem elektrischen Handrührgerät auf höchster Stufe 3–5 Minuten locker und schaumig rühren.
Die Waffeln hellbraun backen.

Zubereitung des Belags:
Den Spargel gut abtropfen lassen und auf die fertigen Waffeln legen.
Den Schinken in ganz feine Streifen schneiden, mit dem geriebenen Käse mischen und diese Mischung über den Spargel streuen, so daß er gut bedeckt ist.
Die belegten Waffeln in einem Grill so lange überbacken, bis der Käse zerlaufen ist.

Waffeln mit Käsebutter

Zutaten für 8 Waffeln:
125 g Butter, 4 Eier, 250 g Mehl, 1/4 l Milch, Salz, abgeriebene Schale von 1/2 unbehandelten Zitrone;

Zutaten für die Käsebutter:
125 g Butter, 100 g geriebener Gouda oder Allgäuer Emmentaler, 2 EL saure Sahne, 1 EL Schnittlauchröllchen, Salz, Paprika.

Zubereitung der Waffeln:
Die Butter und die Eigelbe schaumig rühren. Abwechselnd das Mehl und die Milch dazugeben.
Zuletzt die zu steifem Schnee geschlagenen Eiweiße darunterziehen sowie das Salz und die Zitronenschale hinzufügen.
Die Waffeln teelöffelweise goldbraun backen.

Zubereitung der Käsebutter:
Die Butter schaumig rühren, den geriebenen Käse und die saure Sahne daruntermischen und die Mischung mit dem Schnittlauch, dem Salz und Paprika pikant abschmecken.
Die Käsebutter auf die heißen Waffeln geben und etwas zerlaufen lassen.

Olivenwaffeln mit Cashewnüssen

Zutaten für 6 Waffeln:
*50 g entsteinte Oliven, 60 g Cashewnüsse, 50 g Goudakäse,
1 TL Instantbrühe, 1/8 l Wasser, 125 g Butter, 3 Eier, 250 g Mehl,
1 gestr. TL Backpulver, Salz.*

Zubereitung:
Die Oliven in kleine Würfel schneiden.
Die Nüsse sowie den Käse fein hacken.
Die Instantbrühe in dem heißen Wasser auflösen und abkühlen lassen.
Alle Zutaten nun in eine Schüssel geben und mit einem elektrischen Handrührgerät auf höchster Stufe 3–5 Minuten locker und schaumig rühren.
Die Waffeln backen.

Paprika - Kräuter - Waffeln

Zutaten für 6 Waffeln:
*1 rote Paprikaschote, 1/2 Bund Schnittlauch, 1/2 Bund Dill,
1/2 Bund glatte Petersilie, 1/2 Kästchen Kresse, 1 TL Instantbrühe,
1/8 l Wasser, 125 g Butter, 3 Eier, 250 g Mehl, 1 gestr. TL Backpulver, Salz.*

Zubereitung:
Die Paprikaschote waschen, trocknen, entkernen und in sehr kleine Würfel schneiden.
Die Kräuter waschen, abtrocknen und fein hacken.
Die Instantbrühe in dem heißen Wasser auflösen.
Alle Zutaten in eine Schüssel geben und mit einem elektrischen Handrührgerät auf höchster Stufe 3–5 Minuten locker und schaumig rühren.
Die Waffeln backen.

Waffeln mit buntem Quark

Zutaten für 4 Waffeln:
60 g Butter, 60 g geriebener Käse, 4 EL Milch, 1 gestr. TL Backpulver,
200 g Mehl, 4 Eier;

Zutaten für den Quark:
1/2 kleine Salatgurke, 250 g Tomaten, 1 kleiner Apfel,
1/2 Bund Radieschen, 4–5 Frühlingszwiebeln, 1/2 Bund Petersilie,
1/2 Bund Dill, 500 g Magerquark, 1/8 l Milch, 2 EL Leinöl, 1 TL Salz,
frisch gemahlener Pfeffer.

Zubereitung der Waffeln:
Alle Zutaten in eine Schüssel geben und mit einem elektrischen Handrührgerät auf höchster Stufe 3–5 Minuten locker und schaumig rühren.
Die Waffeln goldbraun backen. Man kann sie kalt und heiß mit dem Quark
servieren.

Zubereitung des Quarks:
Die Salatgurke schälen und in kleine Würfel schneiden.
Die Tomaten, den Apfel und die Radieschen waschen und ebenfalls
würfeln.
Die Frühlingszwiebeln putzen und in feine Ringe schneiden.
Die Petersilie und den Dill waschen, abtrocknen und fein hacken.
Den Quark zusammen mit der Milch, dem Leinöl, dem Salz und Pfeffer
glattrühren.
Das gehackte Gemüse und die Kräuter dazugeben und alles gut mischen.
Den Quark noch einmal mit Pfeffer und Salz abschmecken.
Den Quark entweder getrennt zu den Waffeln servieren oder die Waffeln
vorher damit bestreichen.
Nach Geschmack mit in Fächern geschnittenen Radieschen und gehackter
Petersilie garnieren.

Rezeptregister

Gesamt-Programm

Essen und Trinken

Köstliche Suppen
für jede Tages- und Jahreszeit. (5122)
Von E. Fuhrmann, 64 S., 38 Farbfotos,
2 Zeichnungen, Pappband.
DM 14,80/S 119.–

Kochen, was allen schmeckt
1700 Koch- und Backrezepte für jede
Gelegenheit. (4098) Von A. und
G. Eckert, 796 S., 60 Farbtafeln,
Pappband. DM 29,80/S 239.–

Falken-Handbuch
Kochen nach allen Regeln der Kunst
Das moderne Grundkochbuch mit über
1000 Farbbildern. (4143) Von M. Gutta,
624 S., über 1000 farbige Abb.,
gebunden. DM 78,–/S 598.–

FALKEN-HANDBUCH
KOCHEN
nach allen Regeln der Kunst

Das moderne Grundkochbuch mit über 1000 Farbbildern

FALKEN VERLAG

Brunos beste Rezepte
– rund ums Jahr (4154) Von B. Henrich,
136 S., 15 Farbfotos, kart.
DM 14,80/S 119.–

Was koche ich heute?
Neue Rezepte für Fix-Gerichte. (0608)
Von A. Badelt-Vogt, 112 S., 16 Farbtafeln,
kart. DM 9,80/S 79.–

Kochen für 1 Person
Rationell wirtschaften, abwechslungsreich und schmackhaft zubereiten.
(0586) Von M. Nicolin, 136 S., 8 Farbtafeln, 23 Zeichnungen, kart.
DM 9,80/S 79.–

Gesunde Kost aus dem Römertopf
(0442) Von J. Kramer, 128 S., 8 Farbtafeln, 13 Zeichnungen, kart.
DM 8,80/S 74.–

Nudelgerichte
– lecker, locker, leicht zu kochen. (0466)
Von C. Stephan, 80 S., 8 Farbtafeln, kart.
DM 7,80/S 69.–

Lieblingsrezepte
Phantasievoll zubereitet und originell
dekoriert. (4234) Hrsg. P. Diller. 160 S.,
120 Farbfotos, 34 Zeichnungen, Pappband. DM 24,80/S 198,–

Was Männer gerne essen
Leibgerichte
(2216) Von C. Arius, 80 S., 55 Farbabb.,
Pappband. DM 9,80/S 85,–

Omas Küche und unsere Küche heute
(4089) Von J. P. Lemcke, 160 S., 8 Farbtafeln, 95 Zeichnungen, Pappband.
DM 24,80/S 198.–

Die besten Eintöpfe und Aufläufe
Das Beste aus den Kochtöpfen der Welt
(5079) Von A. und G. Eckert, 64 S.,
50 Farbfotos, Pappband.
DM 14,80/S 119.–

Schnell und gut gekocht
Die tollsten Rezepte für den Schnell-
kochtopf. (0265) Von J. Ley, 96 S.,
8 Farbtafeln, kart. DM 7,80/S 69.–

Kochen und backen im Heißlufthord
Vorteile, Gebrauchsanleitung, Rezepte.
(0516) Von K. Kölner, 72 S., 8 Farbtafeln,
kart. DM 7,80/S 69.–

Das neue Mikrowellen-Kochbuch
(0434) Von H. Neu, 64 S., 4 Farbtafeln,
16 s/w Zeichnungen, kart.
DM 6,80/S 59.–

Ganz und gar mit Mikrowellen
(4094) Von T. Peters, 208 S., 24 Farbfotos, 12 Zeichnungen, kart.
DM 29,80/ S 239.–

Haltbar machen durch
Trocknen und Dörren
Obst, Gemüse, Pilze, Kräuter
(0696) Von M. Bustorf-Hirsch, 32 S.,
42 Farbfotos, Spiralbindung.
DM 7,80/ S 69.–

Marmeladen, Gelees und Konfitüre
Köstlich wie zu Omas Zeiten – einfach
selbstgemacht. (0720) Von M. Gutta,
32 S., 23 Farbfotos, 1 Zeichnung,
Pappband. DM 7,80/S 69.–

Einkochen
nach allen Regeln der Kunst. (0405) Von
B. Müller, 128 S., 8 Farbtafeln, kart.
DM 9,80/S 79.–

Einkochen, Einlegen, Einfrieren
Gesund, herzhaft. (4055) Von B. Müller,
27 s/w.-Abb., kart. DM 14,80/S 119.–

Das neue Fritieren
geruchlos, schmackhaft und gesund.
(0365) Von P. Kühne, 96 S., 8 Farbtafeln,
kart. DM 7,80/S 69.–

Weltmeister-Soßen
Die Krönung der feinen Küche. (0357)
Von G. Cavestri, 96 S., 4 Farbtafeln,
80 Zeichnungen, kart. DM 9,80/S 79.–

Wildgerichte
einfach bis raffiniert. (5115) Von M.
Gutta, 64 S., 43 Farbfotos, Pappband.
DM 14,80/S 119.–

Geflügel
Die besten Rezepte aus aller Welt. (5050)
Von M. Gutta, 64 S., 32 Farbfotos, Papp-
band. DM 14,80/S 119.–

Mehr Freude und Erfolg beim **Grillen**
(4141) Von A. Berliner, 160 S., 147 Farbfotos, 10 farbige Zeichnungen, Pappband. DM 24,80/S 198.–

Grillen
Fleisch · Fisch · Beilagen · Soßen. (5001)
Von E. Fuhrmann, 64 S., 38 Farbfotos,
Pappband. DM 14,80/S 119.–

Chinesisch kochen
Schmackhafte Rezepte für die abwechs-
lungsreiche Küche. (5011) Von A. und G.
Eckert, 64 S., 57 Farbfotos, Pappband.
DM 14,80/S 119.–

Chinesisch kochen
mit dem Wok-Topf und dem Mongolen-
Topf. (0557) Von C. Korn, 64 S., 8 Farbtafeln, kart. DM 7,80/S 69.–

Schlemmerreise durch die
Chinesische Küche
(4184) Von Kuo Huey Jen, 160 S.,
117 Farbfotos, Pappband.
DM 24,80/S 198,–

Ostasiatische Küche
schmackhaft, bekömmlich und vielseitig.
(5066) Von T. Sozuki, 64 S., 39 Farbfotos,
Pappband. DM 14,80/S 119.–

Nordische Küche
Speisen und Getränke von der Küste.
(5082) Von J. Kürtz, 64 S., 44 Farbfotos,
Pappband. DM 14,80/S 119.–

Deutsche Küche
Schmackhafte Gerichte von der Nordsee
bis zu den Alpen. (5025) Von E. Fuhrmann, 64 S., 52 Farbfotos, Pappband.
DM 14,80/S 119.–

Französisch kochen
Eine kulinarische Reise durch Frankreich.
(5016) Von M. Gutta, 64 S., 35 Farbfotos, Pappband. DM 14,80/S 114.–

Französische Küche
(0685) Von M. Gutta, 96 S., 16 Farbtafeln, kart. DM 8,80/S 74.–

**Französische Spezialitäten aus dem
Backofen**
Herzhafte Tartes und Quiches mit Fleisch,
Fisch, Gemüse und Käse
(5146) Von P. Klein, 64 S., 43 Farbfotos,
Pappband. DM 16,80/139.–

Kochen und würzen mit **Knoblauch**
(0725) Von A. und G. Eckert, 96 S.,
8 Farbtafeln, kart. DM 7,80/S 69,–

Schlemmerreise durch die
Italienische Küche
(4172) Von V. Pifferi. 160 S., 109 Farbfotos, Pappband. DM 24,80/S 198,–

Italienische Küche
Ein kulinarischer Streifzug mit regionalen
Spezialitäten. (5026) Von M. Gutta,
64 S., 35 Farbfotos, Pappband.
DM 14,80/S 119.–

Portugiesische Küche und Weine
Kulinarische Reise durch Portugal.
(0607) Von E. Kasten, 96 S., 16 Farbtafeln, kart. DM 9,80/S 79.–

Köstliche Pizzas, Toasts, Pasteten
Schmackhafte Gerichte schnell zubereitet.
(5081) Von A. und G. Eckert, 64 S.,
46 Farbfotos, Pappband.
DM 14,80/S 119.–

Köstliche Pilzgerichte
Rezepte für die meistvorkommenden
Speisepilze. (5133) Von V. Spicker-Noack,
M. Knoop, 64 S., 52 Farbfotos, Papp-
band. DM 14,80/S 119.–

Am Tisch zubereitet
Fondues, Raclettes, Flambieren. (4152)
Von I. Otto, 208 S., 12 Farbtafeln, 17 s/w-
Fotos, Pappband. DM 24,80/S 198.–

FALKEN VERLAG

Postfach 1120 · D-6272 Niedernhausen/Ts.   Tel. 0 6127/70 20 · Telex 4186585 fves d

Köstliche Fondues
mit Fleisch, Geflügel, Fisch, Käse, Gemüse und Süßem. (5006) Von E. Fuhrmann, 64 S., 50 Farbfotos, Pappband. DM 14,80/S 119.–

Fondues
und fritierte Leckerbissen. (0471) Von S. Stein, 96 S., 8 Farbtafeln, kart. DM 6,80/S 59.–

Fondues · Raclettes · Flambiertes
(4081) Von R. Peiler und M.-L. Schult, 136 S., 15 Farbtafeln, 28 Zeichnungen, kart. DM 14,80/S 119.–

Neue, raffinierte Rezepte mit dem Raclette-Grill
(0558) Von L. Helger, 56 S., 8 Farbtafeln, kart. DM 7,80/S 69.–

Rezepte rund um Raclette und Hobby-Rechaud
(0420) Von J. W. Hochscheid, 72 S., 8 Farbtafeln, kart. DM 7,80/S 69.–

Kochen und Würzen mit
Paprika
(0792) Von A. u. G. Eckert, 88 S., 8 Farbtafeln, kart. DM 8,80/S 74,–

Kleine Kalte Küche
für Alltag und Feste. (5097) Von A. und G. Eckert, 64 S., 45 Farbfotos, Pappband. DM 12,80/S 119.–

Kalte Platten – Kalte Büfetts
rustikal bis raffiniert. (5015) Von M. Gutta, 64 S., 34 Farbfotos, Pappband. DM 14,80/S 119.–

Kalte Happen und Partysnacks
Canapés, Sandwiches, Pastetchen, Salate und Suppen. (5029) Von D. Peters. 64 S., 44 Farbfotos, Pappband. DM 14,80/S 119.–

Garnieren und Verzieren
(4236) Von R. Biller, 160 S., 329 Farbfotos, 57 Zeichnungen, Pappband. DM 24,80/S 198.–

Desserts
Puddings, Joghurts, Fruchtsalate, Eis, Gebäck, Getränke. (5020) Von M. Gutta, 64 S., 41 Farbfotos, Pappband. DM 14,80/S 119.–

Süße Nachspeisen
(0601) Von P. Lohmann, 96 S., 8 Farbtafeln, 28 Zeichnungen, kart. DM 8,80/S 74.–

Crêpes, Omeletts und Soufflés
Pikante und süße Spezialitäten. (5131) Von J. Rosenkranz, 64 S., 45 Farbfotos, Pappband. DM 14,80/S 119.–

Backen
(4113) Von M. Gutta, 240 S., 123 Farbfotos, Pappband. DM 48,–/S 398.–

Kuchen und Torten
Die besten und beliebtesten Rezepte. (5067) Von M. Sauerborn, 64 S., 79 Farbfotos, Pappband. DM 14,80/S 119.–

Schönes Hobby Backen
Erprobte Rezepte mit modernen Backformen. (0451) Von E. Blome, 96 S., 8 Farbtafeln, kart. DM 7,80/S 69.–

Backen, was allen schmeckt
Kuchen, Torten, Gebäck und Brot. (4166) Von E. Blome, 556 S., 40 Farbtafeln, Pappband. DM 24,80/S 198,–

Meine Vollkornbackstube
Brot · Kuchen · Aufläufe. (0616) Von R. Raffelt, 96 S., 8 Farbtafeln, 12 Zeichnungen, kart. DM 6,80/S 59.–

Biologisch Backen
Neue Rezeptideen für Kuchen, Brote, Kleingebäck aus vollem Korn. (4174) Von M. Bustorf-Hirsch, 136 S., 15 Farbtafeln, 47 Zeichnungen, kart. DM 14,80/S 119.–

Selbst Brotbacken
Über 50 erprobte Rezepte. (0370) Von J. Schiermann, 80 S., 6 Zeichnungen, 4 Farbtafeln, kart. DM 6,80/S 59.–

Mehr Freude und Erfolg beim
Brotbacken
(4148) Von A. und G. Eckert. 160 S., 177 Farbfotos, Pappband. DM 24,80/S 198,–

Brotspezialitäten
knusprig backen – herzhaft kochen. (5088) Von J. W. Hochscheid und L. Helger, 64 S., 48 Farbfotos, Pappband. DM 14,80/S 119.–

Weihnachtsbäckerei
Köstliche Plätzchen, Stollen, Honigkuchen und Festtagstorten. (0682) Von M. Sauerborn, 32 S., 36 Farbfotos, Pappband. DM 7,80/S 69.–

Waffeln
süß und pikant. (0522) Von C. Stephan, 64 S., 8 Farbtafeln, kart. DM 6,80/S 59.–

Kochen für Diabetiker
Gesund und schmackhaft für die ganze Familie. (4132) Von M. Toeller, W. Schumacher, A. C. Groote, 224 S., 109 Farbfotos, 94 Zeichnungen, Pappband. DM 29,80/S 239.–

Neue Rezepte für Diabetiker-Diät
Vollwertig – abwechslungsreich – kalorienarm. (0418) Von M. Oehlrich, 120 S., 8 Farbtafeln, kart. DM 9,80/S 79.–

Schlemmertips für Figurbewußte
(0680) Von V. Kahn, 64 S., 8 Farbtafeln, kart. DM 9,80/S 79.–

Wer schlank ist, lebt gesünder
Tips und Rezepte zum Schlankwerden und -bleiben. (0562) Von R. Mainer, 80 S., 8 Farbtafeln, kart. DM 8,80/S 74.–

Kalorien – Joule
Eiweiß · Fett · Kohlenhydrate tabellarisch nach gebräuchlichen Mengen. (0374) Von M. Bormio, 88 S., kart., DM 6,80/S 59.–

Alles mit Joghurt
tagfrisch selbstgemacht. Mit vielen Rezepten. (0382) Von G. Volz, 88 S., 8 Farbtafeln, kart., DM 7,80/S 69.–

Die Brot-Diät
Ein Schlankheitsplan ohne Extreme. (0452) Von Prof. Dr. E. Menden und W. Aign, 92 S., 8 Farbtafeln, kart., DM 7,80/S 69.–

Gesund leben – schlank werden mit der
Bio-Kur
(0657) Von S. Winter. 144 S., 4 Farbtafeln, kart. DM 9,80/S 79.–

Miekes Kräuter- und Gewürzkochbuch
(0323) Von I. Persy und K. Mieke, 96 S., 8 Farbtafeln, kart. DM 8,80/S 74,–

Salate
(4119) Von C. Schönherr, 240 S., 115 Farbfotos, gebunden. DM 48,–/S 389.–

Delikate Salate
für alle Gelegenheiten rund um's Jahr. (5002) Von E. Fuhrmann, 64 S., 50 Farbfotos, Pappband. DM 14,80/S 119.–

Das köstliche knackige Schlemmervergnüg.
Salate
(4165) Von V. Müller. 160 S., 80 Farbfotos, Pappband. DM 24,80/S 198.–

111 köstliche Salate
Erprobte Rezepte mit Pfiff. (0222) Von C. Schönherr, 96 S., 8 Farbtafeln, 30 Zeichnungen, kart. DM 8,80/S 74.–

Rohkost
Schmackhafte Gerichte für die gesunde Ernährung. (5044) Von I. Gabriel, 64 S., 53 Farbfotos, Pappband. DM 14,80/S 119.–

Joghurt, Quark, Käse und Butter
Schmackhaftes aus Milch hausgemacht. (0739) Von M. Bustorf-Hirsch. 32 S., 59 Farbtafeln, Pappband. DM 7,80/S 69.–

Die abwechslungsreiche Vollwertküche
Vitaminreich und naturbelassen kochen und backen. (4229) Von M. Bustorf-Hirsch, K. Siegel, 280 S., 31 Farbtafeln, 78 Zeichnungen, Pappband. DM 36,–/ S 319.–

Alternativ essen
Die gesunde Sojaküche. (0553) Von U. Kolster, 112 S., 8 Farbtafeln, kart. DM 9,80/S 79.–

Das Reformhaus-Kochbuch
Gesunde Ernährung mit hochwertigen Naturprodukten. (4180) Von A. u. G. Eckert, 160 S. 15 Farbtafeln, Pappband. DM 24,80/S 198.–

Gesund kochen mit Keimen und Sprosen
(0794) Von M. Bustdorf-Hirsch, 104 S., 8 Farbtafeln, 13 s/w-Zeichnungen, kart. DM 8,80/S 74,–

Die feine Vegetarische Küche
(4235) Von F. Faist, 160 S., 191 Farbfotos, Pappband. DM 24,80/S 198,–

Biologische Ernährung
für eine natürliche und gesunde Lebensweise. (4125) Von G. Leibold, 136 S., 15 Farbtafeln, 47 Zeichnungen, kart. DM 14,80/S 119.–

Gesunde Ernährung für mein Kind
(0776) Von M. Bustdorf-Hirsch, 96 S., 8 Farbtafeln, 5s/w Zeichnungen, kart. DM 9,80/S 79,–

Vitaminreich und naturbelassen
Biologisch Kochen
(4162) Von M. Bustdorf-Hirsch und K. Siegel, 144 S., 15 Farbtafeln, 31 Zeichnungen, kart. DM 14,80/S 119.–

Gesund kochen
wasserarm · fettfrei · aromatisch. (4060) Von M. Gutta, 240 S., 16 Farbtafeln, Pappband. DM 29,80/S 239,–

Kräuter- und Heilpflanzen-Kochbuch
für eine gesunde Lebensweise. (4066) Von P. Pervenche, 160 S., 15 Farbtafeln. kart. DM 14,80/S 119.–

Pralinen und Konfekt
Kleine Köstlichkeiten selbstgemacht. (0731) Von H. Engelke, 32 S., 57 Farbfotos, Pappband. DM 7,80/S 69.–

Köstlichkeiten für Gäste und Feste
Kalte Platten
(4200) Von I. Pfliegner, 160 S., 130 Farbfotos, Pappband. DM 24,80/S 198.–

Kochen für Gäste
Köstliche Menüs mit Liebe zubereitet. (5149) Von R. Wesseler, 64 S., 40 Farbfotos, Pappband. DM 14,80/S 119.–

Die Preise entsprechen dem Status beim Druck dieses

Das richtige Frühstück
Gesunde Vollwertkost vitaminreich und naturbelassen.
(0784) Von C. Kratzel und R. Böll, 32 S., 28 Farbfotos, Pappband. **DM 7,80**/S 69.–

Boucos à la carte
Französisch kochen mit dem Meister.
(4237) Von P. Bocuse, 88 S., 218 Farbfotos, Pappband. **DM 19,80**/S 159,–
– Auch als Video-Kassette erhältlich

Kochschule mit Paul Bocuse
(6016/VHS, 6017/Video-2000, 6018 Beta), 60 Min. in Farbe
DM 69,–/S 619,–
(unverb. Preisempfehlung)

Natursammlers Kochbuch
Wildfrüchte und Gemüse, Pilze, Kräuter – finden und zubereiten. (4040) Von C. M. Kerler, 140 S., 12 Farbtafeln, kart.
DM 19,80/S 159,–

Neue Cocktails und Drinks
mit und ohne Alkohol. (0517) Von S. Späth, 128 S., 4 Farbtafeln, kart.,
DM 9,80/S 79.–

Mixgetränke
mit und ohne Alkohol (5017) Von C. Arius, 64 S., 35 Farbfotos, Pappband.
DM 14.80/S 119.–

Cocktails und Mixereien
für häusliche Feste und Feiern. (0075) Von J. Walker, 96 S., 4 Farbtafeln, kart.
DM 6,80/S 59.–

Die besten Punsche, Grogs und Bowlen
(0575) Von F. Dingden, 64 S., 2 Farbtafeln, kart. **DM 6,80**/S 59.–

Weine und Säfte, Liköre und Sekt
selbstgemacht. (0702) Von P. Arauner, 232 S., 76 Abb., kart. **DM 16,80**/S 139,–

Mitbringsel aus meiner Küche
selbst gemacht und liebevoll verpackt.
(0668) Von C. Schönherr, 32 S., 30 Farbfotos, Pappband. **DM 7,80**/S 69,–

Weinlexikon
Wissenswertes über die Weine der Welt.
(4149) Von U. Keller, 228 S., 6 Farbtafeln, 395 s/w-Fotos, Pappband.
DM 29,80/S 239.–

Köstliches Lebenselixier Wein
(2204) Von H. Steffan, 80 S., 74 Farbfotos u. Zeichnungen, Pappband.
DM 9,80/S 85.–

Von der Romantik der blauen Stunde
Cocktails und Drinks
(2209) Von S. Späth, 80 S., 25 Farbfotos und Zeichnungen, Pappband.
DM 9,80/S 85,–

Vom Genuß des braunen Goldes **Kaffee**
(2213) Von H. Strutzmann. 80 S., 49 Fotos, Pappband. **DM 9,80**/S 85.–

Heißgeliebter Tee
Sorten, Rezepte und Geschichten. (4114) Von C. Maronde, 153 S., 16 Farbtafeln, 93 Zeichnungen, gebunden.
DM 26,80/S 218.–

Tee für Genießer.
Sorten · Riten · Rezepte. (0356) Von M. Nicolin, 64 S., 4 Farbtafeln, kart.
DM 5,80/S 49.–

Tee
Herkunft · Mischungen · Rezepte. (0515) Von S. Ruske, 96 S., 4 Farbtafeln, 16 s/w Abbildungen, Pappband.
DM 9,80/S 79.–

Vom höchsten Genuß des Teetrinkens
(2201) Von I. Ubenauf, 80 S., 57 Farbfotos u. Zeichnungen, Pappband.
DM 9,80/S 85.–

Kinder lernen spielend backen
(5110) Von M. Gutta, 64 S., 45 Farbfotos, Pappband. **DM 14,80**/S 119.–

Kinder lernen spielend kochen
Lieblingsgerichte mit viel Spaß selbst zubereitet. (5096) Von M. Gutta, 64 S., 45 Farbfotos, Pappband,
DM 14,80/S 119.–

Hobby

Aquarellmalerei
als Kunst und Hobby.
(4147) Von H. Haack und B. Wersche, 136 S., 62 Farbfotos, 119 Zeichnungen, gebunden **DM 39,–**/S 319.–

Aquarellmalerei
Materialien · Techniken · Motive.
(5099) Von Th. Hinz, 64 S., 79 Farbfotos, Pappband. **DM 14,80**/S 119,–

Aquarellmalerei leicht gelernt
Materialien · Techniken · Motive.
(0787) Von T. Hinz, R. Braun, B. Zeidler, 32 S., 38 Farbfotos, 1 Zeichnung,
DM 7,80/S 69.–

Origami –
Die Kunst des Papierfaltens. (0280) Von R. Harbin, 160 S., 633 Zeichnungen, kart. **DM 9,80**/S 79,–

Hobby Origami
Papierfalten für groß und klein.
(0756) Von Z. Aytüre-Scheele, 88 S., über 800 Farbfotos, kart.
DM 19,80/S 159,–

Neue zauberhafte Origami-Ideen
Papierfalten für groß und klein.
(0805) Von Z. Aytüre-Scheele, 80 S., 720 Farbfotos, kart. **DM 19,80**/S 159,–

Weihnachtsbasteleien
(0667) Von M. Kühnle und S. Beck, 32 S., 56 Farbfotos, 6 Zeichnungen, Pappband.
DM 7,80/S 69.–

Falken-Handbuch
Zeichnen und Malen
(4167) Von B. Bagnall, 336 S., 1154 Farbabb., Pappband. **DM 68,–**/S 549,–

Naive Malerei
Materialien · Motive · Techniken
(5083) Von F. Krettek, 64 S., 76 Farbfotos, Pappband. **DM 14,80**/S 119.–

Bauernmalerei
als Kunst und Hobby. (4057) Von A. Gast und H. Stegmüller, 128 S., 239 Farbfotos, 26 Riß-Zeichnungen, Pappband.
DM 39,–/S 319,–

Hobby Bauernmalerei
(0436) Von S. Ramos und J. Roszak, 80 S., 116 Farbfotos und 28 Motivvorlagen, kart. **DM 19,80**/S 159,–

Bauernmalerei
Kreatives Hobby nach alter Volkskunst
(5039) Von S. Ramos, 64 S., 85 Farbfotos, Pappband. **DM 14,80**/S 119,–

Glasmalerei
als Kunst und Hobby. (4088) Von F. Krettek und S. Beeh-Lustenberger, 132 S., 182 Farbfotos, 38 Motivvorlagen, Pappband. **DM 39,–**/S 319,–

Naive Hinterglasmalerei
Materialien · Techniken · Bildvorlagen
(5145) Von F. Krettek, 64 S., 87 Farbfotos, 6 Zeichnungen, Pappband.
DM 16,80/S 139,–

Glasritzen
Materialien · Formen · Motive. (5109) Von G. Mégroz, 64 S., 110 Farbfotos, 15 Zeichnungen, Pappband.
DM 14,80/S 119,–

Kunstvolle Seidenmalerei
Mit zauberhaften Ideen zum Nachgestalten. (0783) Von I. Demharter, 32 S., 56 Farbfotos, Pappband.
DM 7,80/S 74,–

Zauberhafte Seidenmalerei
Materialien · Techniken · Gestaltungsvorschläge. (0664) Von E. Dorn, 32 S., 62 Farbfotos, Pappband.
DM 7,80/S 69,–

Hobby Seidenmalerei
(0611) Von R. Henge, 88 S., 106 Farbfotos, 28 Zeichnungen, kart.
DM 19,80/S 159,–

Hobby Stoffdruck und Stoffmalerei
(0555) Von A. Ursin, 80 S., 68 Farbfotos, 68 Zeichnungen, kart.
DM 19,80/S 159,–

Stoffmalerei und Stoffdruck
Materialien · Techniken · Ideen · Modelle
(5074) Von H. Gehring, 64 S., 110 Farbfotos, Pappband. **DM 14,80**/S 119,–

Batik
leicht gemacht. Materialien · Färbetechniken · Gestaltungsideen. (5112) Von A. Gast, 64 S., 105 Farbfotos, Pappband.
DM 14,80/S 119,–

Textilfärben
Färben so einfach wie Waschen. (0693) Von W. Siegrist, P. Schärli, 32 S., 47 Farbfotos, 3 Zeichnungen, Spiralbindung.
DM 7,80/S 69,–

Schöne Geschenke selbermachen
(4128) Von M. Kühnle, 128 S., 278 Farbfotos, 85 farbige Zeichnungen, gebunden. **DM 39,–**/S 319,–

Flechten
mit Bast, Stroh und Peddigrohr. (5098) Von H. Hangleiter, 64 S., 47 Farbfotos, 76 Zeichnungen, Pappband.
DM 14,80/S 119,–

Makramee
Knüpfarbeiten leicht gemacht. (5075) Von B. Pröttel, 64 S., 95 Farbfotos, Pappband. **DM 12,80**/S 99,–

Häkeln und Makramee
Techniken · Geräte · Arbeitsmuster.
(0320) Von M. Stradal, 104 S., 191 Abb. und Schemata, kart. **DM 6,80**/S 59,–

Falken-Handbuch Häkeln
ABC der Häkeltechniken und Häkelmuster in ausführlichen Schritt-für-Schritt-Bildfolgen.
(4194) Von H. Fuchs, M. Natter. 288 S., 597 Farbfotos, 476 farbige Zeichnungen. **DM 39,–/S 319,–**

Häkeln
Schritt für Schritt für Rechts- und Linkshänder. (5134) Von H. Klaus, 64 S., 120 Farbfotos, 144 Zeichnungen, Pappband. **DM 14,80/S 119,–**

Klöppeln
Schritt für Schritt leicht gelernt. (0788) Von U. Seiffer, 32 S., 42 Farb-, 1 s/w-Foto, 25 Zeichnungen, mit Klöppelbriefen, Pappband. **DM 9,80/S 79,–**

Sticken
Schritt für Schritt für Rechts- und Linkshänder. (5135) Von U. Werner, 64 S., 196 Farbfotos, 96 Zeichnungen, Pappband. **DM 14,80/S 119,–**

Monogrammstickerei
Mit Vorlagen für Initialen, Vignetten und Ornamente. (5148) Von H. Fuchs, 64 S., 50 Farbfotos, 50 Zeichnungen, Pappband. **DM 14,80/S 119,–**

Falken-Handbuch Stricken
ABC der Stricktechniken und Strickmuster in ausführlichen Schritt-für-Schritt-Bildfolgen. (4137) Von M. Natter, 312 S., 106 Farb- und 922 s/w-Fotos, 318 Zeichnungen, Pappband. **DM 36,–/S 298,–**

Bestrickend schöne Ideen
Pullover, Westen, Ensembles, Jacken
(4178) Von R. Weber, 208 S., 220 Farbfotos, 358 Zeichnungen, Pappband. **DM 29,80/S 239,–**

Chic in Strick
Neue Pullover
Westen · Jacken · Kleider · Ensembles. (4224) Hrsg. R. Weber, 192 S., 255 Farbabb., Pappband. **DM 29,80/S 239,–**

Videokassette Stricken
(6007/VHS, 6008/Video 2000, 6009/Beta). Von P. Krolikowski-Habicht, H. Jaacks, 51 Min., in Farbe. **DM 49,80/S 448,–** (unverbindl. Preisempf.)

Stricken
Schritt für Schritt für Rechts- und Linkshänder. (5142) Von S. Oelwein-Schefczik, 64 S., 148 Farbfotos, 173 Zeichnungen, Pappband. **DM 14,80/S 119,–**

Kuscheltiere stricken und häkeln
Arbeitsanleitungen und Modelle. (0734) Von B. Wehrle, 32 S., 60 Farbfotos, 28 Zeichnungen, Spiralbindung. **DM 7,80/S 69,–**

Hobby Patchwork und Quilten
(0768) Von B. Staub-Wachsmuth, 80 S., 108 Farbabb., 43 Zeichnungen, kart. **DM 19,80/S 159,–**

Textiles Gestalten
Weben, Knüpfen, Batiken, Sticken, Objekte und Strukturen. (5123) Von J. Fricke, 136 S., 67 Farb- und 189 s/w-Fotos, 15 Zeichnungen, kart. **DM 16,80/S 139,–**

Gestalten mit Glasperlen
fädeln · sticken · weben (0640) Von A. Köhler, 32 S., 55 Farbfotos, Spiralbindung. **DM 6,80/S 59,–**

Neue zauberhafte Salzteig-Ideen
(0719) Von I. Kiskalt, 80. S., 320 Farbfotos, 12 Zeichnungen, kart. **DM 19,80/S 159,–**

Hobby Salzteig
(0662) Von I. Kiskalt, 80 S., 150 Farbfotos, 5 Zeichnungen, Schablonen, kart. **DM 19,80/S 159,–**

Gestalten mit Salzteig
formen · bemalen · lackieren. (0613) Von W.-U. Cropp, 32 S., 56 Farbfotos, 17 Zeichnungn, Pappband. **DM 7,80/S 69,–**

Buntbemalte Kunstwerke aus Salzteig
Figuren, Landschaften und Wandbilder. (5141) Von G. Belli, 64 S., 165 Farbfotos, 1 Zeichnung, Pappband. **DM 14,80/S 119,–**

Kreatives Gestalten mit Salzteig
Originelle Motive für Fortgeschrittene. (0769) Hrsg. I. Kiskalt, 80 S., 168 Farbfotos, kart. **DM 19,80/S 159,–**

Videokassette Salzteig
(6010/VHS, 6011/Video 2000, (6012/Beta) Von I. Kiskalt, Dr. A. Teuchert, in Farbe, ca. 35 Min. **DM 68,–/ S 612,–** (Unverb. Preisempfehlung)

Tiffany-Spiegel selbermachen
Materialien · Arbeitsanleitung · Vorlagen. (0761) Von R. Thomas, 32 S., 53 Farbfotos, Pappband. **DM 7,80/S 69,–**

Tiffany-Lampen selbermachen
Arbeitsanleitung · Materialien · Modelle. (0684) Von I. Spliethoff, 32 S., 60 Farbfotos, Pappband. **DM 7,80/S 69,–**

Hobby Glaskunst in Tiffany-Technik
(0781) Von N. Köppel, 80 S., 194 Farbfotos, 6 s/w-Abb., kart., **DM 19,80/S 159,–**

Kerzen und Wachsbilder
gießen · modellieren · bemalen. (5108) Von Ch. Riess, 64 S., 110 Farbfotos, Pappband. **DM 14,80/S 119,–**

Hobby Holzschnitzen
Von der Astholzfigur zur Vollplastik. (5101) Von H.-D. Wilden, 112 S., 16 Farbtafeln, 135 s/w-Fotos, kart. **DM 16,80/S 139,–**

Bastelspaß mit der Laubsäge
Mit Schnittmusterbogen für viele Modelle in Originalgröße. (0741) Von L. Giesche, M. Bausch, 32 S., 61 Farbfotos, 7 Zeichnungen, Schnittmusterbogen, Pappband. **DM 9,80/S 79,–**

Falken-Heimwerker-Praxis Tapezieren
(0743) Von W. Nitschke, 112 S., 186 Farbfotos, 9 Zeichnungen, kart. **DM 19,80/S 159,–**

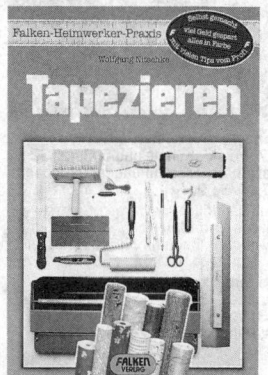

Falken-Heimwerker-Praxis Anstreichen und Lackieren
(0771) Von P. Müller, 120 S., 186 Farbfotos, 2 s/w Fotos, 3 Zeichnungen, kart. **DM 19,80/S 159,–**

Falken-Heimwerker-Praxis Fahrrad-Reparaturen
(0796) Von R. van der Plas, 112 S., 140 Farbfotos, 113 farbige Zeichnungen, kart. **DM 19,80/S 159,–**

Falken-Handbuch Heimwerken
Reparieren und selbermachen in Haus und Wohnung – über 1100 Farbfotos. Sonderteil: Praktisches Energiesparen. (4117) Von Th. Pochert, 440 S., 1103 Farbfotos. 100 ein- und zweifarbige Abb., Pappband. **DM 49,–/S 398,–**

Restaurieren von Möbeln
Stilkunde, Materialien, Techniken, Arbeitsanleitungen in Bildfolgen. (4120) Von E. Schnaus-Lorey, 152 S., 37 Farbfotos, 75 s/w Fotos, 352 Zeichnungen, Pappband. **DM 39,–/ S 319,–**

Möbel aufarbeiten, reparieren und pflegen
(0386) Von E. Schnaus-Lorey, 96 S., 28 Fotos, 101 Zeichnungen, kart., **DM 9,80/S 79,–**

Vogelhäuschen, Nistkästen, Vogeltränken
mit Plänen und Anleitungen zum Selbstbau. (0695) Von J. Zech, 32 S., 42 Farbfotos, 5 Zeichnungen, Pappband. **DM 7,80/S 69,–**

Papiermachen
ein neues Hobby. (5105) Von R. Weidenmüller, 64 S., 84 Farbfotos, 9 s/w-Fotos, 14 Zeichnungen, Pappband. **DM 16,80/S 139,–**

Schmuck und Objekte aus Metall und Email
(5078) Von J. Fricke, 120 S., 183 Abb., kart. **DM 16,80/S 139,–**

Strohschmuck selbstgebastelt
Sterne, Figuren und andere Dekorationen (0740) Von E. Rombach, 32 S., 60 Farbfotos, 17 Zeichnungen, Pappband. **DM 7,80/S 69,–**

Das Herbarium
Pflanzen sammeln, bestimmen und pressen. (5113) Von I. Gabriel, 96 S., 140 Farbfotos, Pappband. **DM 16,80/S 139,–**

Gestalten mit Naturmaterialien
Zweige, Kerne, Federn, Muscheln und anderes. (5128) Von I. Krohn, 64 S., 101 Farbfotos, 11 farbige Zeichnungen, Pappband. **DM 14,80/S 119,–**

Dauergestecke
mit Zweigen, Trocken- und Schnittblumen. (5121) Von G. Vocke, 64 S., 57 Farbfotos, Pappband. **DM 14,80/S 119,–**

Ikebana
Einführung in die japanische Kunst des Blumensteckens. (0548) Von G. Vocke, 152 S., 47 Farbfotos, kart. **DM 19,80/S 159,–**

Blumengestecke im Ikebanastil
(5041) Von G. Vocke, 64 S., 37 Farbfotos, viele Zeichnungen, Pappband. **DM 14,80/S 119,–**

Hobby Trockenblumen
Gewürzsträuße, Gestecke, Kränze, Buketts. (0643) Von R. Strobel-Schulze, 88 S., 170 Farbfotos, kart. **DM 19,80/S 159,–**

Hobby Gewürzsträuße
und zauberhafte Gebinde nach Salzburger Art. (0726) Von A. Ott, 80 S., 101 Farbfotos, 51 farbige Zeichnungen, kart. **DM 19,80/S 159,–**

Trockenblumen und Gewürzsträuße
(5084) Von G. Vocke, 64 S., 63 Farbfotos, Pappband. **DM 12,80/**S 99,–

Arbeiten mit Ton
Töpfern mit und ohne Scheibe. (5048) Von J. Fricke, 128 S., 15 Farbtafeln, 166 s/w-Fotos, kart. **DM 14,80/**S 119,–

Töpfern
als Kunst und Hobby. (4073) Von J. Fricke, 132 S., 37 Farbfotos, 222 s/w-Fotos, gebunden. **DM 39,–/**S 319,–

Schöne Sachen modellieren
Originelles aus Cernit – ideenreich gestaltet. (0762) Von G. Thelen, 32 S., 105 Farbfotos, Pappband.
DM 7,80/S 69,–

Modellieren
mit selbsthärtendem Material. (5085) Von K. Reinhardt, 64 S., 93 Farbfotos, Pappband. **DM 14,80/**S 119,–

Porzellanpuppen
Zauberhafte alte Puppen selbst nachbilden. (5138) Von C. A. und D. Stanton, 64 S., 58 Farbfotos, 22 Zeichnungen, Pappband. **DM 16,80/**S 139,–

Marionetten
entwerfen · gestalten · führen (5118) Von A. Krause und A. Bayer, 64 S., 83 Farbfotos, 2 s/w-Fotos, 40 Zeichnungen, Pappband. **DM 14,80/**S 119,–

Stoffpuppen
Liebenswerte Modelle selbermachen. (5150) Von I. Wolff, 56 S., 115 Farbfotos, 15 Zeichnungen, mit Schnittmusterbogen, Pappband. **DM 16,80/**S 139,–

Hobby Puppen
Bezaubernde Modelle selbst gestalten. (0742) Von B. Wenzelburger, 88 S., 163 Farbfotos, 41 Zeichnungen, 11 Schnittmuster, kart.
DM 19,80/S 159,–

Puppen und Figuren aus Kunstporzellan
gießen, bemalen und gestalten. (0735) Von G. Baumgarten, 32 S., 86 Farbfotos, Pappband. **DM 9,80/**S 79,–

Die liebenswerte Welt der Puppen
(2212) Von U. D. Damrau, 80 S., 60 Farbfotos, Pappband. **DM 9,80/**S 85,–

Selbstgestrickte Puppen
Materialien und Arbeitsanleitungen. (0638) Von B. Wehrle, 32 S., 23 Farbfotos, 24 Zeichnungen, Pappband.
DM 9,80/S 79,–

Dekorative Rupfenpuppen
Arbeitsanleitungen und Gestaltungsvorschläge. (0733) Von B. Wenzelburger, 32 S., 57 Farbfotos, 14 Zeichnungen, Spiralbindung. **DM 7,80/**S 69,–

Schritt für Schritt zum Scherenschnitt
Materialien · Techniken · Gestaltungsvorschläge. (0732) Von H. Klingmüller, 32 S., 38 Farbfotos, 34 Vorlagen, Spiralbindung. **DM 7,80/**S 69,–

Garagentore selbst bemalt
Techniken und Motive. (0786) Von H. u. Y. Nadolny, 32 S., 24 Farbfotos, 12 s/w-Zeichnungen, Pappband.
DM 9,80/S 79,–

Freizeit

Aktfotografie
Interpretationen zu einem unerschöpflichen Thema.
Gestaltung · Technik · Spezialeffekte. (0737) Von H. Wedewardt, 88 S., 144 Farb- und 6 s/w-Fotos, 6 Zeichnungen, kart. **DM 19,80/**S 159,–

Videokassette Aktfotografie
Laufzeit ca. 60 Min. in Farbe.
VHS (6001), Video 2000 (6002), Beta (6003) **DM 98,–/**S 882,–
(unverb. Preisempfehlung)

So macht man bessere Fotos
Das meistverkaufte Fotobuch der Welt. (0614) Von M. L. Taylor, 192 S., 457 Farbfotos, 15 Abb., kart. **DM 14,80/**S 119,–
Falken-Handbuch

Dunkelkammerpraxis
Laboreinrichtung · Arbeitsabläufe · Fehlerkatalog. (4140) Von E. Pauli, 200 S., 54 Farbfotos, 239 s/w-Fotos, 171 Zeichnungen, Pappband.
DM 39,–/S 319.–
Falken-Handbuch **Trickfilmen**
Flach-, Sach- und Zeichentrickfilme – von der Idee zur Ausführung. (4131) Von H.-D. Wilden, 144 S., über 430 überwiegend farbige Abb., Pappband.
DM 39,–/S 319,–

Moderne Schmalfilmpraxis
Ausrüstungen · Drehbuch · Aufnahme Schnitt · Vertonung. (4043) Von U. Ney, 328 S., 29 Farbfotos, 177 s/w-Fotos, 57 Zeichnungen, gebunden.
DM 29,80/S 239,–

Schmalfilmen
Ausrüstung · Aufnahmepraxis · Schnitt Ton. (0342) Von U. Ney, 108 S., 4 Farbtafeln, 25 s/w-Fotos, kart.
DM 9,80/S 79,–

Schmalfilme selbst vertonen
(0593) Von U. Ney, 96 S., 57 s/w-Fotos, 14 Zeichnungen, kart. **DM 9,80/**S 79,–

Fotografie – Das Schöne als Ziel
Zur Ästhetik und Psychologie der visuellen Wahrnehmung. (4122) Von E. Stark, 208 S., 252 Farbfotos, 63 Zeichnungen, Ganzleinen. **DM 78,–/**S 624,–

Ferngelenkte Motorflugmodelle
bauen und fliegen. (0400) Von W. Thies, 184 S., mit Zeichnungen und Detailplänen, kart. **DM 16,80/**S 139,–

Modellflug-Lexikon
(0549) Von W. Thies, 280 S., 98 s/w-Fotos, 234 Zeichnungen, Pappband. **DM 36,–/**S 298,–

Flugmodelle
bauen und einfliegen. (0361) Von W. Thies und Willi Rolf, 160 S., 63 Abb., 7 Faltpläne, kart. **DM 12,80/**S 99,–

CB-Code
Wörterbuch und Technik. (0435) Von R. Kerler, 120 S.,5 s/w Fotos, 9 Zeichnungen, kart. **DM 9,80/**S 79,–

Kleine Welt auf Rädern
Das faszinierende Spiel mit **Modelleisenbahnen** (4175) Von F. Eisen, 256 S., 72 Farb- und 180 s/w-Fotos, 25 Zeichnungen, Pappband. **DM 29,80/**S 239,–

Modelleisenbahnen im Freien
Mit Volldampf durch den Garten. (4245) Von F. Eisen, 96 S., 115 Farb-, 4 s/w-Fotos, 5 Zeichnungen, kart.
DM 29,80/S 239,–

Raketen auf Rädern
Autos und Motorräder an der Schallgrenze. (4220) Von H. G. Isenberg, 96 S., 112 Farbfotos, 21 s/w-Fotos, Pappband. **DM 24,80/**S 198,–

Die rasantesten Rallyes der Welt
(4213) Von H. G. Isenberg und D. Maxeiner, 96 S., 116 Farbfotos, Pappband. **DM 24,80/**S 198,–

Trucks
Giganten der Landstraßen in aller Welt. (4222) Von H. G. Isenberg, 96 S., 131 Farbfotos, Pappband.
DM 24,80/S 198,–

Ferngelenkte Elektromodelle
bauen und fliegen. (0700) Von W. Thies, 144 S., 52 s/w-Fotos, 50 Zeichnungen, kart. **DM 16,80/**S 139.–

Schiffsmodelle
selber bauen. (0500) Von D. und R. Lochner, 200 S., 93 Zeichnungen, 2 Faltpläne, kart. **DM 14,80/**S 119.–

Dampflokomotiven
(4204) Von W. Jopp, 96 S., 134 Farbfotos, Pappband. **DM 24,80/**S 198,–

Zivilflugzeuge
Vom Kleinflugzeug zum Überschall-Jet. (4218) Von R. J. Höhn und H. G. Isenberg, 96 S., 115 Farbfotos, Pappband. **DM 24,80/**S 198,–

Ferngelenkte Segelflugmodelle
bauen und fliegen. (0446) Von W. Thies, 176 S., 22 s/w-Fotos, 115 Zeichnungen, kart. **DM 14,80/**S 119,–

Die schnellsten Motorräder der Welt
(4206) Von H. G. Isenberg und D. Maxeiner, 96 S., 100 Farbfotos, Pappband. **DM 24,80/**S 198,–

Motorrad-Hits
Chopper, Tribikes, Heiße Öfen. (4221) Von H. G. Isenberg, 96 S., 119 Farbfotos, Pappband. **DM 24,80/**S 198,–

Die Super-Motorräder der Welt
(4193) Von H. G. Isenberg, 192 S., 170 Farb- und 100 s/w-Fotos, 8 Zeichnungen, Pappband. **DM 39,–/**S 319,–

Motorrad-Faszination
Heiße Öfen, von denen jeder träumt. (4223) Von H. G. Isenberg, 96 S., 103 Farb- und 20 s/w-Fotos, Pappband. **DM 24,80/**S 198,–

Autos, die die Welt bewegten
Oldtimer
(2217) Von H. G. Isenberg, 80 S., 32 Farb- und 22 s/w-Fotos, Pappband. **DM 9,80/**S 85,–

Münzen
Ein Brevier für Sammler. (0353) Von
E. Dehnke, 128 S., 4 Farbtafeln, 17 s/w-
Abb., kart. **DM 9,80**/S 79,–

Astronomie als Hobby
Sternbilder und Planeten erkennen und
benennen. (0572) Von D. Block, 176 S.,
16 Farbtafeln, 49 s/w-Fotos, 93 Zeichnungen, kart. **DM 14.80**/S 119,–

Der Bart
Die individuelle Note des Mannes. (2222)
Von H. Strutzmann, 80 S., 58 Farbfotos,
Pappband. **DM 9,80**/S 85,–

Gitarre spielen
Ein Grundkurs für den Selbstunterricht.
(0534) Von A. Roßmann, 96 S., 1 Schall-
folie, 150 Zeichnungen, kart.
DM 24,80/S 198,–

Falken-Handbuch **Zaubern**
Über 400 verblüffende Tricks. (4063)
Von F. Stutz, 368 S., 1200 Zeichnungen,
Pappband. **DM 36,–**/S 298,–

Zaubern
einfach – aber verblüffend. (2018) Von
D. Buoch, 84 S., 41 Zeichnungen, kart.
DM 6,80/S 59,–

Zaubertricks
Das große Buch der Magie. (0282) Von
J. Zmeck, 244 S., 113 Abb., kart.
DM 14,80/S 119,–

Magische Zaubereien
(0672) Von W. Widenmann, 64 S.,
31 Zeichnungen, kart. **DM 7,80**/S 69,–

Pfeife rauchen
Die hohe Kunst, Tabak zu genießen.
(2203) Von W. Hufnagel, 80 S., 77 Farbfotos, 4 s/w-Fotos, 11 Zeichnungen,
Pappband. **DM 9,80**/S 85,–

Mit vollem Genuß **Pfeife rauchen**
Alles über Tabaksorten, Pfeifen und
Zubehör. (4227) Von H. Behrens,
H. Frickert, 168 S., 127 Farbfotos,
18 Zeichnungen, Pappband.
DM 39,–/S 319,–

Mineralien, Steine und Fossilien
Grundkenntnisse für Hobby-Sammler.
(0437) Von D. Stobbe, 96 S., 16 Farbtafeln, 14 s/w-Fotos, 10 Zeichnungen,
kart. **DM 9,80**/S 79,–

Vom verführerischen Feuer der
Edelsteine
(2221) Von H. A. Mehler, R. Klotz, 80 S.,
46 Farbfotos, Pappband.
DM 9,80/S 85,–

Freizeit mit dem Mikroskop
(0291) Von M. Deckart, 132 S., 8 Farbtafeln, 64 s/w Abb., 2 Zeichnungen,
kart. **DM 9,80**/S 79,–

Briefmarken
sammeln für Anfänger. (0481) Von
D. Stein, 120 S., 4 Farbtafeln,
98 s/w-Abb., kart. **DM 9,80**/S 79,–

Wir lernen tanzen
Standard- und lateinamerikanische
Tänze. (0200) Von E. Fern, 168 S.,
118 s/w-Fotos, 47 Zeichnungen, kart.
DM 9,80/S 79,–

Tanzstunde
Das Welttanzprogramm · Party-Tanz-
stunde. (5018) Von G. Hädrich, 172 S.,
443 s/w-Fotos, 140 Zeichnungen,
Pappband. **DM 19.80**/S 159,–

So tanzt man Rock'n'Roll
Grundschritte · Figuren · Akrobatik.
(0573) Von W. Steuer und G. Marz,
224 S., 303 Abb., kart.
DM 16,80/ S 139,–

Disco-Tänze
(0491) Von B. und F. Weber, 104 S.,
104 Abb., kart. **DM 6,80**/S 59,–

Tanzen überall
Discofox, Rock'n'Roll, Blues, Langsamer
Walzer, Cha·Cha·Cha zum Selberlernen.
(0760) Von H. M. Pritzer, 112 S.,
128 Farbfotos, kart. **DM 19,80**/S 159,–

Videokassette **Tanzen überall**
Discofox, Rock'n'Roll, Blues. (6004/VHS,
6005/Video 2000, 6006/Beta) Von
H. M. Pritzer, G. Steinheimer, in Farbe,
ca. 45 Min. **DM 98,–**/S 882,–
(unverb. Preisempfehlung)

Wir wandern, wir wandern …
Romantisches Deutschland
(4168) Hrsg. H. Bücken, 160 S., durchgehend 4-farbig, über 350 Fotos,
Pappband. **DM 29,80**/S 239,–

Unser schönes Deutschland
neu gesehen
(4199) Hrsg. U. Moll, 208 S., 800 Farbfotos, Pappband. **DM 29,80**/S 239,–

Schwarzwald-Romantik
Vom Zauber einer deutschen Landschaft.
(4232) Hrsg. A. Rolf, 184 S., 273 Farbfotos, Pappband. **DM 29,80**/S 239,–

Sport

Judo
Grundlagen des Stand- und Boden-
kampfes. (4013) Von W. Hofmann,
244 S., 589 Fotos, Pappband.
DM 29,80/S 239,–

Neue Lehrmethoden der Judo-Praxis
(0424) Von P. Herrmann, 223 S.,
475 Abb., kart. **DM 16,80**/S 139,–

Judo
Grundlagen – Methodik. (0305) Von
M. Ohgo, 208 S., 1025 Fotos, kart.
DM 14,80/S 119,–

Wir machen Judo
(5069) Von R. Bonfranchi und U. Klocke,
92 S., mit Bewegungsabläufen in
cartoonartigen zweifarbigen Zeichnungen, kart. **DM 12,80**/S 99,–

Fußwürfe
für Judo, Karate und Selbstverteidigung.
(0439) Von H. Nishioka, 96 S., 260 Abb.,
kart. **DM 9,80**/S 79,–

Karate für alle
Karate-Selbstverteidigung in Bildern.
(0314) Von A. Pflüger, 112 S., 356 s/w-
Fotos, kart. **DM 9,80**/S 79,–

Karate für Frauen und Mädchen
Sport und Selbstverteidigung. (0425)
Von A. Pflüger, 168 S., 259 s/w-Fotos,
kart. **DM 12,80**/S 99,–

Nakayamas Karate perfekt 1
Einführung. (0487) Von M. Nakayama,
136 S., 605 s/w-Fotos, kart.
DM 19,80/S 159,–

Nakayamas Karate perfekt 2
Grundtechniken. (0512) Von
M. Nakayama, 136 S., 354 s/w-Fotos,
53 Zeichnungen, kart.
DM 19,80/S 159,–

Nakayamas Karate perfekt 3
Kumite 1: Kampfübungen. (0538) Von
M. Nakayama, 128 S., 424 s/w-Fotos,
kart. **DM 19,80**/S 159,–

Nakayamas Karate perfekt 4
Kumite 2: Kampfübungen. (0547) Von
M. Nakayama, 128 S., 394 s/w-Fotos,
kart. **DM 19,80**/S 159,–

Nakayamas Karate perfekt 5
Kata 1: Heian, Tekki. (0571) Von
M. Nakayama, 144 S., 1229 s/w-Fotos,
kart. **DM 19,80**/S 159,–

Nakayamas Karate perfekt 6
Kata 2: Bassai-Dai, Kanku-Dai,
(0600) Von M. Nakayama, 144 S.,
1300 s/w-Fotos, 107 Zeichnungen, kart.
DM 19,80/S 159,–

Nakayamas Karate perfekt 7
Kata 3: Jitte, Hangetsu, Empi. (0618)
Von M. Nakayama, 144 S., 1988 s/w-
Fotos, 105 Zeichnungen, kart.
DM 19,80/S 159,–

Nakayamas Karate perfekt 8
Gankaku, Jion. (0650) Von
M. Nakayama, 144 S., 1174 s/w-Fotos,
99 Zeichnungen, kart. **DM 19,80**/S 159,–

Kontakt-Karate
Ausrüstung · Technik · Training. (0396)
Von A. Pflüger, 112 S., 238 s/w-Fotos,
kart. **DM 14,80**/S 119,–

Karate-Do
Das Handbuch des modernen Karate.
(4028) Von A. Pflüger, 360 S., 1159 Abb.,
Pappband. **DM 39,–**/S 319,–

Bo-Karate
Kukishin-Ryu – die Techniken des Stock-
kampfes. ((0447) Von G. Stiebler, 176 S.,
424 s/w-Fotos, 38 Zeichnungen, kart.
DM 16,80/S 159,–

Karate I
Einführung · Grundtechniken. (0227)
Von A. Pflüger, 148 S., 195 s/w-Fotos
und 120 Zeichnungen, kart.
DM 9,80/S 79,–

Karate II
Kombinationstechniken · Katas. (0239)
Von A. Pflüger, 176 S., 452 s/w-Fotos
und Zeichnungen, kart.
DM 9,80/S 79,–

Karate Kata 1
Heian 1-5, Tekki 1, Bassai Dai. (0683)
Von W.-D. Wichmann, 164 S., 703 s/w-
Fotos, kart. **DM 19,80**/S 159,–

Karate Kata 2
Jion, Engi, Kanku-Dai, Hangetsu.
(0723) Von W.-D. Wichmann, 140 S.,
661 s/w Fotos, 4 Zeichnungen, kart.
DM 19,80/S 159,–

Ninja 1
Die Lehre der Schattenkämpfer. (0758)
Von S. K. Hayes, 144 S., 137 s/w-Fotos,
kart. **DM 16,80**/S 139,–

Die Preise entsprechen dem Status beim Druck dieses

Ninja 2
Die Wege zum Shoshin (0763) Von
S. K. Hayes 160 S., 309 s/w-Fotos, kart.
DM 16,80/S 139,–

Ninja 3
Der Pfad des Togakure-Kämpfers.
(0764) Von S. K. Hayes, 144 S., 197 s/w
Fotos, 2 Zeichnungen, kart.
DM 16,80/S 139,–

Ninja 4
Das Vermächtnis der Schattenkämpfer.
(0807) Von S. K. Hayes, 196 S., 466 s/w
Fotos, kart. **DM 16,80**/S 139,–

Der König des Kung-Fu
Bruce Lee
Sein Leben und Kampf. (0392) Von
seiner Frau Linda. 136 S., 104 s/w-Fotos,
kart. **DM 19,80**/S 159,–

Bruce Lees Kampfstil 1
Grundtechniken. (0473) Von B. Lee und
M. Uyehara, 109 S., 220 Abb., kart.
DM 9,80/S 79,–

Bruce Lees Kampfstil 2
Selbstverteidigungs-Techniken. (0486)
Von B. Lee und M. Uyehara, 128 S.,
310 Abb., kart. **DM 9,80**/S 79,–

Bruce Lees Kampfstil 3
Trainingslehre. (0503) Von B. Lee und
M. Uyehara, 112 S., 246 Abb., kart.
DM 9,80/S 79,–

Bruce Lees Kampfstil 4
Kampftechniken. (0523) Von B. Lee und
M. Uyehara, 104 S., 211 Abb., kart.
DM 9,80/S 79,–

Bruce Lees Jeet Kune Do
(0440) Von B. Lee, übersetzt von H.-J.
Hesse, 192 S., mit 105 eigenhändigen
Zeichnungen von B. Lee, kart.
DM 19,80/S 159,–

Ju-Jutsu 1
Grundtechniken – Moderne Selbstverteidigung. (0276) Von W. Heim und
F. J. Gresch, 160 S., 949 s/w-Fotos,
8 Zeichnungen, kart. **DM 9,80**/S 79,–

Ju-Jutsu 2
für Fortgeschrittene und Meister. (0378)
Von W. Heim und F. J. Gresch, 164 S.,
798 s/w-Fotos, kart. **DM 19,80**/S 159,–

Ju-Jutsu 3
Spezial-, Gegen- und Weiterführungs-
Techniken. (0485) Von W. Heim und F. J.
Gresch, 214 S., über 600 s/w-Fotos,
kart. **DM 19,80**/S 159,–

Nunchaku
Waffe · Sport · Selbstverteidigung.
(0373) Von A. Pflüger, 144 S., 247 Abb.,
kart. **DM 16,80**/S 139,–

Shuriken · Tonfa · Sai
Stockfechten und andere bewaffnete
Kampfsportarten aus Fernost. (0397)
Von A. Schulz, 96 S., 253 s/w-Fotos,
kart. **DM 12,80**/S 99,–

Illustriertes Handbuch des
Taekwon-Do
Koreanische Kampfkunst und Selbstverteidigung. (4053) Von K. Gil, 248 S.,
1026 Abb., Pappband. **DM 29,80**/S 239,–

Taekwon-Do
Koreanischer Kampfsport. (0347) Von
K. Gil, 152 S., 408 Abb., kart.
DM 12,80/S 99,–

Aikido
Lehren und Techniken des harmonischen
Weges. (0537) Von R. Brand, 280 S.,
697 Abb., kart. **DM 19,80**/S 159,–

Kung-Fu und Tai-Chi
Grundlagen und Bewegungsabläufe.
(0367) Von B. Tegner, 182 S., 370 s/w-
Fotos, kart. **DM 14,80**/S 119,–

Kung-Fu
Theorie und Praxis klassischer und
moderner Stile. (0376) Von M. Pabst,
160 S., 330 Abb., kart.
DM 12,80/S 99,–

Shaolin-Kempo – Kung-Fu
Chinesisches Karate im Drachenstil.
(0395) Von R. Czerni und K. Konrad.
246 S., 723 Abbildungen, kart.
DM 19,80/S 159,–

Hap Ki Do
Grundlagen und Techniken koreanischer
Selbstverteidigung. (0379) Von Kim Sou
Bong, 112 S., 153 Abb., kart.
DM 14,80/S 119,–

Dynamische Tritte
Grundlagen für den Zweikampf. (0438)
Von C. Lee, 96 S., 398 s/w-Fotos,
10 Zeichnungen, kart. **DM 9,80**/S 79,–

Kickboxen
Fitneßtraining und Wettkampfsport.
(0795) Von G. Lemmens, 96 S., 208 s/w
Fotos, 23 Zeichnungen, kart.
DM 9,80/S 79,–

Muskeltraining mit Hanteln
Leistungssteigerung für Sport und
Fitness. (0676) Von H. Schulz, 108 S.,
92 s/w-Fotos, 2 Zeichnungen, kart.
DM 9,80/S 79,–

Leistungsfähiger durch Krafttraining
Eine Anleitung für Fitness-Sportler,
Trainer und Athleten (0617) Von
W. Kieser, 100 S., 20 s/w-Fotos,
62 Zeichnungen, kart. **DM 9,80**/S 79,–

Bodybuilding
Anleitung zum Muskel- und Konditions-
training für sie und ihn. (0604) Von
R. Smolana. 160 S., 171 s/w-Fotos, kart.
DM 9,80/S 79,–

Hanteltraining zu Hause
(0800) Von W. Kieser, 80 S., 71 s/w
Fotos, 4 Zeichnungen, kart.
DM 9,80/S 79,–

Fit und gesund
Körpertraining und Bodybuilding zu
Hause. (0782) Von H. Schulz, 80 S.,
100 Farbfotos, 3 Zeichnungen, kart.
DM 14,80/S 119,–
Video-Kassette:

Fit und gesund
VHS (6013), Video 2000 (6014), Beta
(6015), Laufzeit 30 Minuten, in Farbe.
DM 49,80/S 448,–
(unverb. Preisempf.)
Package (Buch und Kassette)

Fit und gesund
(6019/VHS, 6020/Video 2000,
6021/Beta). Von H. Schulz,
DM 65,–/S 585,–
(unverbindl. Preisempf.)

Bodybuilding für Frauen
Wege zu Ihrer Idealfigur (0661) Von
H. Schulz, 108 S., 84 s/w-Fotos, 4 Zeichnungen, großes farbiges Übungsposter,
kart. **DM 14,80**/S 119,–

Isometrisches Training
Übungen für Muskelkraft und Entspan-
nung. (0529) Von L. M. Kirsch, 140 S.,
162 s/w-Fotos, kart. **DM 9,80**/S 79,–

Spaß am Laufen
Jogging für die Gesundheit. (0470) Von
W. Sonntag, 140 S., 41 s/w-Fotos,
1 Zeichnung, kart. **DM 9,80**/S 79,–

Mein bester Freund, der Fußball
(5107) Von D. Brüggemann und
D. Albrecht, 144 S., 171 Abb., kart.
DM 16,80/S 139,–

Fußball
Training und Wettkampf. (0448) Von H.
Obermann und P. Walz, 166 S., 92 s/w-
Fotos, 15 Zeichnungen, 29 Diagramme,
kart. **DM 12,80**/S 99,–

Handball
Technik · Taktik · Regeln. (0426) Von
F. und P. Hattig, 128 S., 91 s/w-Fotos,
121 Zeichnungen, kart. **DM 14,80**/S 119,–

Volleyball
Technik · Taktik · Regeln. (0351) Von
H. Huhle, 104 S., 330 Abb., kart.
DM 9,80/S 79,–

Basketball
Technik und Übungen für Schule und Ver-
ein. (0279) Von C. Kyriasoglou, 116 S.,
mit 252 Übungen zur Basketballtechnik,
186 s/w-Fotos und 164 Zeichnungen,
kart. **DM 12,80**/S 99,–

Hockey
Technische und taktische Grundlagen.
(0398) Von H. Wein, 152 S., 60 s/w-
Fotos, 30 Zeichnungen, kart.
DM 16,80/S 139,–

Eishockey
Lauf- und Stocktechnik, Körperspiel,
Taktik, Ausrüstung und Regeln. (0414)
Von J. Čapla, 264 S., 548 s/w-Fotos,
163 Zeichnungen, kart. **DM 19,80**/S 159,–

Badminton
Technik · Taktik · Training.
(0699) Von K. Fuchs, L. Sologub, 168 S.,
51 Abb., kart., **DM 16,80**/S 139,–

Golf
Ausrüstung · Technik · Regeln. (0343) Von
J. C. Jessop, übersetzt von H. Biemer,
mit einem Vorwort von H. Krings, Prä-
sident des Deutschen Golf-Verbandes,
160 S., 65 Abb., Anhang Golfregeln des
DGV, kart. **DM 16,80**/S 139,–

Pool-Billard
(0484) Herausgegeben vom Deutschen
Pool-Billard-Bund, von M. Bach und
K.-W. Kühn, 88 S., mit über 80 Abb.,
kart. **DM 7,80**/S 69,–

Sportschießen
für jedermann. (0502) Von A. Kovacic,
124 S., 116 s/w-Fotos, kart.
DM 14,80/S 119,–

Fechten
Florett · Degen · Säbel. (0449) Von
E. Beck, 88 S., 219 Fotos und Zeichnun-
gen, kart. **DM 11,80**/S 94,–

Reiten
Dressur · Springen · Gelände. (0415) Von
U. Richter, 168 S., 235 Abb., kart.
DM 12,80/S 99,–

Fibel für Kegelfreunde
Sport- und Freizeitkegeln · Bowling.
(0191) Von G. Bocsai, 72 S., 62 Abb.,
kart. **DM 5,80**/S 49,–

Beliebte und neue Kegelspiele
(0271) Von G. Bocsai, 92 S., 62 Abb.,
kart. **DM 5,80**/S 49,–

111 spannende Kegelspiele
(2031) Von H. Regulski, 88 S., 53 Zeichnungen, kart., **DM 7,80**/S 69,–

Ski-Gymnastik
Fit für Piste und Loipe. (0450) Von
H. Pilss-Samek, 104 S., 67 s/w-Fotos,
20 Zeichnungen, kart. **DM 6,80**/S 59,–

Die neue Skischule
Ausrüstung · Technik · Trickskilauf ·
Gymnastik (0369) Von C. und R. Kerler,
128 S., 100 Abb., kart. **DM 9,80**/S 79,–

Skilanglauf, Skiwandern
Ausrüstung · Techniken · Skigymnastik.
(5129) Von T. Reiter und R. Kerler, 80 S.,
8 Farbtafeln, 85 Zeichnungen und s/w-
Fotos, kart. **DM 14,80**/S 119,–

Alpiner Skisport
Ausrüstung · Techniken · Skigymnastik
(5130) Von K. Meßmann, 128 S., 8 Farbtafeln, 93 s/w-Fotos, 45 Zeichnungen,
kart. **DM 14,80**/S 119.–

Die neue Tennis-Praxis
Der individuelle Weg zu erfolgreichem
Spiel. (4097) Von R. Schönborn, 240 S.,
202 Farbzeichnungen, 31 s/w-Abb.,
Pappband. **DM 39,–**/S 319.–

Erfolgreiche Tennis-Taktik
(4086) Von R. Ford Greene, übersetzt
von M. R. Fischer, 182 S., 87 Abb., kart.
DM 19,80/S 159.–

Moderne Tennistechnik
(4187) Von G. Lam, 192 S., 339 s/w
Fotos, 91 Zeichnungen, kart.
DM 24,80/S 198.–

Tennis kompakt
Der erfolgreiche Weg zu Spiel, Satz und
Sieg. (5116) Von W. Taferner, 128 S.,
82 s/w-Fotos, 67 Zeichnungen, kart.
DM 14,80/S 119.–

Tennis
Technik · Taktik · Regeln. (0375) Von
H. Elschenbroich, 112 S., 81 Abb., kart.
DM 6,80/S 59.–

Tischtennis-Technik
Der individuelle Weg zu erfolgreichem
Spiel. (0775) Von M. Perger, 144 S.,
296 Abb. kart. **DM 16,80**/S 139.–

Squash
Ausrüstung · Technik · Regeln. (0539)
Von D. von Horn und H.-D. Stünitz, 96 S.,
55 s/w-Fotos, 89 Zeichnungen, kart.
DM 8,80/S 74.–

Sporttauchen
Theorie und Praxis des Gerätetauchens.
(0647) Von S. Müßig, 144 S., 8 Farbtafeln, 45 s/w-Fotos, 89 Zeichnungen,
kart., **DM 14,80**/S 119.–

Windsurfing
Lehrbuch für Grundschein und Praxis.
(5028) Von C. Schmidt, 64 S., 60 Farbfotos, Pappband. **DM 12,80**/S 99.–

Segeln
Der neue Grundschein – Vorstufe zum
A-Schein – Mit Prüfungsfragen.
(5147) Von C. Schmidt, 80 S., 8 Farb-
tafeln, 18 Farbfotos, 82 Zeichnungen,
DM 14,80/S 119.–

Sportfischen
Fische – Geräte – Technik. (0324) Von
H. Oppel, 144 S., 49 s/w-Fotos, 8 Farb-
tafeln, kart. **DM 9,80**/S 79.–

Falken-Handbuch Angeln
in Binnengewässern und im Meer. (4090)
Von H. Oppel, 344 S., 24 Farbtafeln,
66 s/w-Fotos, 151 Zeichnungen,
gebunden. **DM 39,–**/S 319.–

Angeln
Kleine Fibel für den Sportfischer. (0198)
Von E. Bondick, 96 S., 116 Abb., kart.
DM 8,80/S 74.–

Die Erben Lilienthals
Sportfliegen heute
(4054) Von G. Brinkmann, 240 S.,
32 Farbtafeln, 176 s/w-Fotos, 33 Zeichnungen, gebunden. **DM 39,–**/S 319.–

Einführung in das Schachspiel
(0104) Von W. Wollenschläger und
K. Colditz, 92 S., 116 Diagramme, kart.
DM 6,80/S 59.–

Schach mit dem Computer
(0747) Von D. Frickenschmidt, 140 S.,
112 Diagramme, 29 s/w-Fotos, 5 Zeichnungen, **DM 16,80**/S 139.–

Spielend Schach lernen
(2002) Von T. Schuster, 128 S., kart.
DM 6,80/S 59.–

Kinder- und Jugendschach
Offizielles Lehrbuch des Deutschen
Schachbundes zur Erringung der Bauern-,
Turm- und Königsdiplome. (0561) Von
B. J. Withuis und H. Pfleger, 144 S.,
220 Zeichnungen u. Diagramme, kart.
DM 12,80/S 99.–

Neue Schacheröffnungen
(0478) Von T. Schuster, 108 S.,
100 Diagramme, kart. **DM 8,80**/S 74.–

Schach für Fortgeschrittene
Taktik und Probleme des Schachspiels.
(0219) Von R. Teschner, 96 S., 83 Diagramme, kart. **DM 5,80**/S 49.–

Taktische Schachendspiele
(0752) Von J. Nunn, 200 S., 151 Diagramme, kart. **DM 16,80**/S 139,–

Schach-WM '85 Karpow – Kasparow.
Mit ausführlichen Kommentaren zu allen
Partien. (0785) Von H. Pfleger, O. Borik,
M. Kipp-Thomas, 128 S., zahlreiche Abb.
und Diagramme, kart. **DM 14,80**/S 119,–

Schachstrategie
Ein Intensivkurs mit Übungen und aus-
führlichen Lösungen. (0584) Von
A. Koblenz, dt. Bearb. von K. Colditz,
212 S., 240 Diagramme, kart.
DM 16,80/S 139.–

Falken-Handbuch Schach
(4051) Von T. Schuster, 360 S., über
340 Diagramme, gebunden.
DM 36,–/S 298.–

Die besten Partien deutscher
Schachgroßmeister
(4121) Von H. Pfleger, 192 S.,
29 s/w-Fotos, 89 Diagramme,
Pappband. **DM 29,80**/S 239.–

Turnier der Schachgroßmeister '83
Karpow · Hort · Browne · Miles ·
Chandler · Garcia · Rogers · Kindermann.
(0718) Von H. Pfleger, E. Kurz, 176 S.,
29 s/w-Fotos, 71 Diagramme, kart.
DM 16,80/S 139.–

Lehr-, Übungs- und Testbuch der
Schachkombinationen
(0649) Von K. Colditz, 184 S., 227 Diagramme, kart. **DM 14,80**/S 119.–

Zug um Zug
Schach für jedermann 1
Offizielles Lehrbuch des Deutschen
Schachbundes zur Erringung des Bauern-
diploms. (0648) Von H. Pfleger und
E. Kurz, 80 S., 24 s/w-Fotos,
8 Zeichnungen, 60 Diagramme, kart.
DM 6,80/ S 59.–

Zug um Zug
Schach für jedermann 2
Offizielles Lehrbuch des Deutschen
Schachbundes zur Erringung des Turm-
diploms. (0659) Von H. Pfleger und
E. Kurz, 132 S., 8 s/w-Fotos,
14 Zeichnungen, 78 Diagramme, kart.
DM 9,80/S 79.–

Zug um Zug
Schach für jedermann 3
Offizielles Lehrbuch des Deutschen
Schachbundes zur Erringung des König-
diploms. (0728) Von H. Pfleger, G. Trepp-
ner, 128 S., 4 s/w-Abb., 84 Diagramme,
10 Zeichnungen, kart. **DM 9,80**/S 79.–

Schachtraining mit den Großmeistern
(0670) Von H. Bouwmeester, 128 S.,
90 Diagramme, kart. **DM 14,80**/S 119.–

Schach als Kampf
Meine Spiele und mein Weg. (0729) Von
G. Kasparow, 144 S., 95 Diagramme,
9 s/w-Fotos, kart. **DM 14,80**/S 119.–

Spiele, Denksport, Unterhaltung

Kartenspiele
(2001) Von C. D. Grupp, 144 S., kart.
DM 9,80/S 79.–

Neues Buch der
siebzehn und vier Kartenspiele
(0095) Von K. Lichtwitz, 96 S., kart.
DM 6,80/S 59.–

Alles über Pokern
Regeln und Tricks. (2024) Von C. D.
Grupp, 120 S., 29 Kartenbilder, kart.
DM 8,80/S 74.–

Rommé und Canasta
in allen Variationen. (2025) Von C. D.
Grupp, 124 S., 24 Zeichnungen, kart.,
DM 9,80/S 79.–

Schafkopf, Doppelkopf, Binokel,
Cego, Gaigel, Jaß, Tarock und andere
„Lokalspiele".
(2015) Von C. D. Grupp, 152 S., kart.
DM 12,80/S 99.–

Spielend Skat lernen
unter freundlicher Mitarbeit des deutschen
Skatverbandes. (2005) Von Th. Krüger,
156 S., 181 s/w-Fotos, 22 Zeichnungen,
kart. **DM 9,80**/S 79,–

Das Skatspiel
Eine Fibel für Anfänger. (0206) Von
K. Lehnhoff, überarb. von P.A. Höfges,
96 S., kart. **DM 6,80**/S 59.–

Black Jack
Regeln und Strategien des Kasinospiels.
(2032) Von K. Kelbratowski, 88 S., kart.
DM 9,80/S 79,–

Falken-Handbuch Patiencen
Die 111 interessantesten Auslagen. (4151)
Von U. v. Lyncker, 216 S., 108 Abbil-
dungen, Pappband. **DM 29,80**/S 239.–

Patiencen
in Wort und Bild. (2003) Von I. Wolter,
136 S., kart. **DM 7,80**/S 69.–

Falken-Handbuch Bridge
Von den Grundregeln zum Turnierspiel.
(4092) Von W. Voigt und K. Ritz, 276 S.,
792 Zeichnungen, gebunden.
DM 39,–/S 319.–

Spielend Bridge lernen
(2012) Von J. Weiss, 108 S., 58 Zeichnungen, kart. **DM 7,80**/S 69.–

Spieltechnik im Bridge
(2004) Von V. Mollo und N. Gardener,
deutsche Adaption von D. Schröder,
216 S., kart. **DM 16,80**/S 139.–

Besser Bridge spielen
Reiztechnik, Spielverlauf und Gegenspiel.
(2026) Von J. Weiss, 144 S., 60 Dia-
grammen, kart. **DM 14,80**/S 119.–

Herausforderung im Bridge
200 Aufgaben mit Lösungen. (2033) Von
V. Mollo, 152 S., kart. **DM 19,80**/S 159,–

Kartentricks
(2010) Von T. A. Rosee, 80 S., 13 Zeichnungen, kart. **DM 6,80**/S 59.–

Mah-Jongg
Das chinesische Glücks-, Kombinations-
und Gesellschaftsspiel. (2030) Von
U. Eschenbach, 80 S., 30 s/w-Fotos,
5 Zeichnungen, kart. **DM 9,80**/S 79.–

Neue Kartentricks
(2027) Von K. Pankow, 104 S., 20 Abb.,
kart. **DM 9,80**/S 69,–

Backgammon
für Anfänger und Könner. (2008) Von
G. W. Fink und G. Fuchs, 116 S., 41 Abb.,
kart. **DM 9,80**/S 79.–

Würfelspiele
für jung und alt. (2007) Von F. Pruss,
112 S., 21 s/w-Zeichnungen, kart.
DM 7,80/S 69.–

Gesellschaftsspiele
für drinnen und draußen. (2006) Von
H. Görz, 128 S., kart. **DM 6,80**/S 59.–

Spiele für Party und Familie
(2014) Von Rudi Carrell, 160 S., 50 Abb.,
kart. **DM 9,80**/S 79.–

Dame
Das Brettspiel in allen Variationen.
(2028) Von C. D. Grupp, 104 S.,
122 Diagramme, kart. **DM 9,80**/S 79.–

Das japanische Brettspiel Go
(2020) Von W. Dörholt, 104 S., 182 Diagramme, kart. **DM 9,80**/S 79.–

Roulette richtig gespielt
Systemspiele, die Vermögen brachten.
(0121) Von M. Jung, 96 S., zahlreiche
Tabellen, kart. **DM 7,80**/S 69.–

So gewinnt man gegen
Video- und Computerspiele
(0644) Von C. Kerler, 160 S., 25 Zeichnungen, 30 s/w-Fotos, kart.
DM 6,80/S 59.–

Denksport und Schnickschnack
für Tüftler und fixe Köpfe. (0362) Von
J. Barto, 100 S., 45 Abb., kart.
DM 6,80/S 59.–

Rätselspiele, Quiz- und Scherzfragen
für gesellige Stunden. (0577) Von K.-H.
Schneider, 168 S., über 100 Zeichnungen,
Pappband. **DM 16,80**/S 139.–

Knobeleien und Denksport
(2019) Von K. Rechberger, 142 S.,
105 Zeichnungen, kart. **DM 7,80**/S 69.–

Quiz
Mehr als 1500 ernste und heitere Fragen
aus allen Gebieten. (0129) Von R. Sautter
und W. Pröve, 92 S., 9 Zeichnungen,
kart. **DM 7,80**/S 69,–

500 Rätsel selberraten
(0681) Von E. Krüger, 272 S., kart.
DM 9,95/S 79.–

Das Super-Kreuzwort-Rätsel-Lexikon
Über 150.000 Begriffe. (4126) Von
H. Schiefelbein, 684 S., Pappband.
DM 19,80/S 159.–

365 Schwedenrätsel
(4173) Von Günther Borutta, 336 S.,kart.
DM 16,80/S 139,–

501 Rätsel selberraten
(0711) Von E. Krüger, 272 S., kart.
DM 9,95/S 79,–

Riesen-Kreuzwort-Rätsel-Lexikon
über 250.000 Begriffe. (4197) Von
H. Schiefelbein, 1024 S., Pappband.
DM 29,80/S 239,–

Das große farbige Kinderlexikon
(4195) Von U. Kopp, 320 S., 493 Farbabb.,
17 s/w-Fotos, Pappband.
DM 29,80/S 239,–

Punkt, Punkt, Komma, Strich
Zeichenstunden für Kinder. (0564) Von
H. Witzig, 144 S., über 250 Zeichnungen,
kart. **DM 6,80**/S 59.–

Einmal grad und einmal krumm
Zeichenstunden für Kinder. (0599) Von
H. Witzig, 144 S., 363 Abb., kart.
DM 6,80/S 59.–

Kinderspiele
die Spaß machen. (2009) Von H. Müller-
Stein, 112 S., 28 Abb., kart.
DM 6,80/S 59.–

Spiele für Kleinkinder
(2011) Von D. Kellermann, 80 S.,
23 Abb., kart. **DM 5,80**/S 49.–

Kasperletheater
Spieltexte und Spielanleitungen · Bastel-
tips für Theater und Puppen. (0641) Von
U. Lietz, 136 S., 4 Farbtafeln,
12 s/w-Fotos, 39 Zeichnungen, kart.
DM 9,80/S 79.–

Kindergeburtstag
Vorbereitung, Spiel und Spaß. (0287)
Von Dr. I. Obrig, 104 S., 40 Abb.,
11 Zeichnungen, 9 Lieder mit Noten, kart.
DM 5,80/S 49.–

Kindergeburtstage die keiner vergißt
Planung, Gestaltung, Spielvorschläge.
(0698) Von G. und G. Zimmermann, 102 S.,
80 Vignetten, kart. **DM 9,80**/ S 79,–

Kinderfeste
daheim und in Gruppen. (4033) Von
G. Blechner, 240 S., 320 Abb., kart.
DM 19,80/S 159.–

Scherzfragen, Drudel und Blödeleien
gesammelt von Kindern. (0506) Hrsg.
von W. Pröve, 112 S., 57 Zeichnungen,
kart. **DM 5,80**/S 49.–

Kein schöner Land…
Das große Buch unserer beliebtesten
Volkslieder. (4150) 208 S., 108 Farb-
zeichnungen, Pappband. **DM 19,80**/S 159.–

**Die schönsten Wander- und Fahrten-
lieder**
(0462) Hrsg. von F. R. Miller, empfohlen
vom Deutschen Sängerbund, 80 S., mit
Noten und Zeichnungen, kart.
DM 5,80/S 49.–

Die schönsten Volkslieder
(0432) Hrsg. von D. Walther, 128 S.,
mit Noten und Zeichnungen, kart.
DM 6,80/ S 55.–

Wir geben eine Party
(0192) Von E. Ruge, 88 S., 8 Farbtafeln,
23 Zeichnungen, kart. **DM 8,80**/S 74.–

Neue Spiele für Ihre Party
(2022) Von G. Blechner, 120 S., 54 Zeichnungen, kart. **DM 7,80**/S 69.–

Lustige Tanzspiele und Scherztänze
für Parties und Feste. (0165) Von
E. Bäulke, 80 S., 53 Abb., kart.
DM 6,80/S 59.–

Straßenfeste, Flohmärkte und Basare
Praktische Tips für Organisation und
Durchführung. (0592) Von H. Schuster,
96 S., 52 Fotos, 17 Zeichnungen, kart.
DM 12,80/S 99.–

Humor

Es ist ein Brauch von alters her…
Lebensweisheiten
(2214) Von W. Busch, 80 S., 38 Zeichnungen, Pappband. **DM 9,80**/S 79,–

Heitere Vorträge und witzige Reden
Lachen, Witz und gute Laune. (0149) Von
E. Müller, 104 S., 44 Abb., kart.
DM 9,80/S 79,–

Tolle Sketche
mit zündenden Pointen – zum Nachspielen. (0656) Von E. Cohrs, 112 S.,
kart. **DM 9,80**/S 79.–

Vergnügliche Sketche
(0476) Von H. Pillau, 96 S., mit
7 lustigen Zeichnungen, kart.
DM 6,80/S 59.–

Heitere Vorträge
(0528) Von E. Müller, 128 S., 14 Zeichnungen, kart. **DM 9,80**/S 79.–

Die große Lachparade
Neue Texte für heitere Vorträge und
Ansagen. (0188) Von E. Müller, 108 S.,
kart. **DM 6,80**/S 59.–

So feiert man Feste fröhlicher
Heitere Vorträge und Gedichte.
(0098) Von Dr. Allos, 96 S., 15 Abb.,
kart. **DM 7,80**/S 69.–

Lustige Vorträge für fröhliche Feiern
(0284) Von Karl Lehnhoff, 96 S., kart.
DM 6,80/S 59.–

Vergnügliches Vortragsbuch
(0091) Von J. Plaut, 192 S., kart.
DM 8,80/S 74.–

**Tolle Sachen zum Schmunzeln und
Lachen**
Lustige Ansagen und Vorträge. (0163)
Von E. Müller, 92 S., kart.
DM 6,80/S 59.–

Humor für jedes Ohr
Fidele Sketche und Ansagen. (0157) Von
H. Seime. 96 S., kart. **DM 6,80**/S 59.–

Sketche und spielbare Witze
für bunte Abende und andere Feste.
(0445) Von H. Friedrich, 120 S., 7 Zeichnungen, kart. **DM 6,80**/S 59.–

Sketche
Kurzspiele zu amüsanter Unterhaltung.
(0247) Von M. Gering, 132 S., 16 Abb.,
kart., **DM 6,80**/S 59.–

Dalli-Dalli-Sketche
aus dem heiteren Ratespiel von und mit
Hans Rosenthal. (0527) Von H. Pillau,
144 S., 18 Zeichnungen, kart.
DM 9,80/S 79.–

Witzige Sketche zum Nachspielen
(0511) Von D. Hallervorden, 160 S., kart.
DM 14,80/S 119.–

Gereimte Vorträge
für Bühne und Bütt. (0567) Von G. Wagner,
96 S., kart. **DM 7,80**/S 69.–

Damen in der Bütt
Scherze, Büttenreden, Sketche.
(0354) Von T. Müller, 136 S., kart.
DM 8,80/S 74.–

Narren in der Bütt
Leckerbissen aus dem rheinischen
Karneval. (0216) Zusammengestellt von
T. Lücker, 112 S., kart.
DM 8,80/S 74.–

Rings um den Karneval
Karnevalsscherze und Büttenreden.
(0130) Von Dr. Allos, 136 S., kart.
DM 9,80/S 79.–

Helau und Alaaf 1
Närrisches aus der Bütt.
(0304) Von E. Müller, 112 S., kart.
DM 6,80/S 59.–

Helau und Alaaf 2
Neue Büttenreden.
(0477) Von E. Luft, 104 S., kart.
DM 7,80/S 69.–

Humor und Stimmung
Ein heiteres Vortragsbuch. (0460) Von
G. Wagner, 112 S., kart. **DM 6,80**/S 59.–

Humor und gute Laune
Ein heiteres Vortragsbuch.
(0635) Von G. Wagner, 112 S., 5 Zeichnungen, kart. **DM 8,80**/S 74.–

Das große Buch der Witze
(0384) Von E. Holz, 320 S., 36 Zeichnungen, Pappband. **DM 16,80**/S 139.–

Da lacht das Publikum
Neue lustige Vorträge für viele Gelegenheiten. (0716) Von H. Schmalenbach,
104 S., kart. **DM 9,80**/S 79,–

Witzig, witzig
(0507) Von E. Müller, 128 S., 16 Zeichnungen, kart. **DM 6,80**/S 59.–

Die besten Witze und Cartoons des Jahres 1
(0454) Hrsg. von K. Hartmann, 288 S., 125 Zeichnungen, geb. **DM 16,80**/S 139.–

Die besten Witze und Cartoons des Jahres 2
(0488) Hrsg. von K. Hartmann, 288 S., 148 Zeichnungen, geb. **DM 16,80**/S 139.–

Die besten Witze und Cartoons des Jahres 3
(0524) Hrsg. von K. Hartmann, 288 S., 105 Zeichnungen, Pappband.
DM 16,80/S 139.–

Die besten Witze und Cartoons des Jahres 4
(0579) Hrsg. von K. Hartmann, 288 S., 140 Zeichnungen, Pappband.
DM 16,80/S 139.–

Die besten Witze und Cartoons des Jahres 5
(0642) Hrsg. von K. Hartmann, 288 S., 88 Zeichnungen, Pappband.
DM 16,80/S 139.–

Das Superbuch der Witze
(4146) Von B. Bornheim, 504 S., 54 Zeichnungen, Pappband.
DM 16,80/S 139.–

Witze
Lachen am laufenden Band (4241) Von J. Borkert, D. Kroppach, 400 S., 41 Zeichnungen, Pappband.
DM 15,–/S 120.–

Die besten Beamtenwitze
(0574) Hrsg. von W. Pröve, 112 S., 59 Cartoons, kart. **DM 5,80**/S 49.–

Die besten Kalauer
(0705) Von K. Frank, 112 S., 12 Zeichnungen, kart., **DM 5,80**/S 49.–

Robert Lembkes Witzauslese
(0325) Von Robert Lembke, 160 S., mit 10 Zeichnungen von E. Köhler, Pappband.
DM 14,80/S 119.–

Fred Metzlers Witze mit Pfiff
(0368) Von F. Metzler, 120 S., kart.
DM 6,80/S 59.–

0 frivol ist mir am Abend
Pikante Witze von Fred Metzler. (0388) Von F. Metzler, 128 S., mit Karikaturen, kart. **DM 5,80**/S 49.–

Herrenwitze
(0589) Von G. Wilhelm, 112 S., 31 Zeichnungen, kart. **DM 5,80**/S 49.–

Witze am laufenden Band
(0461) Von F. Asmussen, 118 S., kart.
DM 6,80/S 59.–

Horror zum Totlachen
Gruselwitze
(0536) Von F. Lautenschläger, 96 S., 44 Zeichnungen, kart. **DM 5,80**/S 49.–

Die besten Ostfriesenwitze
(0495) Von O. Freese, 112 S., 17 Zeichnungen, kart. **DM 5,80**/S 49.–

Die Kleidermotte ernährt sich von nichts, sie frißt nur Löcher
Stilblüten, Sprüche und Widersprüche aus Schule, Zeitung, Rundfunk und Fernsehen. (0738) Von P. Haas, D. Kroppach, 112 S., zahlr. Abb., kart. **DM 6,80**/S 59.–

Olympische Witze
Sportlerwitze in Wort und Bild.
(0505) Von W. Willnat, 112 S., 126 Zeichnungen, kart. **DM 5,80**/S 49.–

Ich lach mich kaputt! Die besten Kinderwitze
(0545) Von E. Hannemann, 128 S., 15 Zeichnungen, kart. **DM 5,80**/S 49.–

Lach mit!
Witze für Kinder, gesammelt von Kindern. (0468) Hrsg. von W. Pröve, 128 S., 17 Zeichnungen, kart. **DM 6,80**/S 59,–

Die besten Kinderwitze
(0757) Von K. Rank, 120 S., 28 Zeichnungen, kart. **DM 6,80**/S 59,–

Lustige Sketche für Jungen und Mädchen
Kurze Theaterstücke für Jungen und Mädchen. (0669) Von U. Lietz und U. Lange, 104 S., kart. **DM 7,80**/S 69,–

Natur

Faszination Berg
zwischen Alpen und Himalaya.
(4214) Von T. Hiebeler, 96 S., 100 Farbfotos, Pappband. **DM 24,80**/S 198.–

Hilfe für den Wald
Ursachen, Schadbilder, Hilfsprogramme. Was jeder wissen muß, um unser wichtigstes Öko-System zu retten. (4164) Von K. F. Wentzel, R. Zundel, 128 S., 178 Farb- und 6 s/w-Fotos, 60 Zeichnungen, kart. **DM 19,80**/S 159.–

Gefährdete und geschützte Pflanzen
erkennen und benennen. (0596) Von W. Schnedler und K. Wolfstetter. 160 S., 140 Farbfotos, 4 Zeichnungen, kart.
DM 19,80/S 159.–

Beeren und Waldfrüchte
erkennen und benennen, eßbar oder giftig? (0401) Von J. Raithelhuber, 120 S., 90 Farbfotos, 40 Zeichnungen, kart. **DM 16,80**/S 139.–

Pilze
erkennen und benennen. (0380) Von J. Raithelhuber, 136 S., 110 Farbfotos, kart. **DM 14,80**/S 119.–

Falken-Handbuch Pilze
Mit über 250 Farbfotos und Rezepten.
(4061) Von M. Knoop, 276 S., 250 Farbfotos, Pappband. **DM 39,–**/S 319.–

Das Gartenjahr
Arbeitsplan für den Hobbygärtner.
(4075) Von G. Bambach, 152 S., 16 Farbtafeln, 141 Abb., kart. **DM 14,80**/S 119.–

Gartenteiche und Wasserspiele
planen, anlegen und pflegen. (4083) Von H. R. Sikora, 160 S., 31 Farb- und 31 s/w-Fotos, 73 Zeichnungen, Pappband.
DM 29,80/S 239.–

Wasser im Garten
Von der Vogeltränke zum Naturteich – Natürliche Lebensräume selbst gestalten. (4230) Von H. Hendel, 240 S., 247 Farbfotos, 68 Farbzeichnungen, Pappband.
DM 59,–/S 479,–

Gärtnern
(5004) Von I. Manz, 64 S., 38 Farbfotos, Pappband. **DM 14,80**/S 119.–

Gärtner Gustavs Gartenkalender
Arbeitspläne · Pflanzenporträts · Gartenlexikon. (4155) Von G. Schoser, 120 S., 146 Farbfotos, 13 Tabellen, 203 farbige Zeichnungen, Pappband.
DM 24,80/S 198.–

Ziersträucher und -bäume im Garten
(5071) Von I. Manz, 64 S., 91 Farbfotos, Pappband. **DM 14,80**/S 119.–

Das Blumenjahr
Arbeitsplan für drinnen und draußen.
(4142) Von G. Vocke, 136 S., 15 Farbtafeln, kart. **DM 14,80**/S 119.–

Der richtige Schnitt von Obst- und Ziergehölzen, Rosen und Hecken
(0619) Von E. Zettl, 88 S., 8 Farbtafeln, 39 Zeichnungen, 21 s/w-Fotos, kart.
DM 7,80/S 69.–

Blumenpracht im Garten
(5014) Von I. Manz, 64 S., 93 Farbfotos, Pappband. **DM 14,80**/S 119.–

Vom betörenden Zauber der Rosen
(2206) Von H. Steinhauer, 80 S., 89 Farbfotos und Zeichnungen, Pappband. **DM 9,80**/S 85,–

Blütenpracht in Haus und Garten
(4145) Von M. Haberer, u. a., 352 S., 1012 Farbfotos, Pappband.
DM 39,–/S 319,–

Das bunte Blütenparadies der Blumen
(2219) Von B. Zeidelhack, 80 S., 72 Farbabb., Pappband. **DM 9,80**/S 85,–

Sag's mit Blumen
Pflege und Arrangieren von Schnittblumen. (5103) Von P. Möhring, 64 S., 68 Farbfotos, 2 s/w-Abb., Pappband. **DM 14,80**/S 119,–

Grabgestaltung
Bepflanzung und Pflege zu jeder Jahreszeit. (5120) Von N. Uhl, 64 S., 77 Farbfotos, 2 Zeichnungen, Pappband.
DM 16,80/S 139.–

Leben im Naturgarten
Der Biogärtner und seine gesunde Umwelt. (4124) Von N. Jorek, 128 S., 68 s/w-Fotos, kart. **DM 14,80**/S 119.–

So wird mein Garten zum Biogarten
Alles über die Umstellung auf naturgemäßen Anbau. (0706) Von I. Gabriel, 128 S., durchgehend 4farbig, 73 Farbfotos, 54 Farbzeichnungen, kart.
DM 14,80/S 119.–

Gesunde Pflanzen im Biogarten
Biologische Maßnahmen bei Schädlingsbefall und Pflanzenkrankheiten. (0707) Von I. Gabriel, 128 S., durchgehend 4farbig, 126 Farbfotos, 12 Farbzeichnungen, kart. **DM 14,80**/S 119.–

Der Biogarten unter Glas und Folie
Ganzjährig erfolgreich ernten. (0722) Von I. Gabriel, 128 S., durchgehend 4farbig, 62 Farbfotos, 45 Farbzeichnungen, kart. **DM 14,80**/S 119,–

Obst und Beeren im Biogarten
Gesunde und scmackhafte Früchte durch natürlichen Anbau. (0780) Von I. Gabriel, 128 S., 38 Farbfotos, 71 Farbzeichnungen, kart. **DM 14,80**/S 119.–

Neuanlage eines Biogartens
Planung, Bodenvorbereitung, Gestaltung. (0721) Von I. Gabriel, 128 S., durchgehend 4farbig, 73 Farbfotos, 39 Zeichnungen, kart. **DM 14,80**/S 119.–

Der biologische Zier- und Wohngarten
Planen, Vorbereiten, Bepflanzen und Pflegen. (0748) Von I. Gabriel, 128 S., 72 Farbfotos, 46 Farbzeichnungen, kart. **DM 14,80**/S 119.–

Das Bio-Gartenjahr
Arbeitsplan für naturgemäßes Gärtnern. (4169) Von N. Jorek, 128 S., 8 Farbtafeln, 70 s/w-Abb. kart. **DM 14,80**/S 119.–

Selbstversorgung aus dem eigenen Anbau
Reichen Erntesegen verwerten und haltbar machen. (4182) Von M. Bustorf-Hirsch, M. Hirsch, 216 S., 270 Zeichnungen, Pappband **DM 29,80**/S 239.–

Mischkultur im Nutzgarten
Mit Jahreskalender und Anbauplänen. (0651) Von H. Oppel, 112 S., 8 Farbtafeln, 23 s/w-Fotos, 29 Zeichnungen. kart. **DM 9,80**/S 79.–

Erfolgstips für den Gemüsegarten
Mit naturgemäßem Anbau zu höherem Ertrag. (0674) Von F. Mühl, 80 S., 30 s/w-Fotos, 4 Zeichnungen, kart. **DM 7,80**/ S 69.–

Der erfolgreiche Obstgarten
Pflanzung · Veredelung und Schnitt. (5100) Von J. Zech, 64 S., 54 Farbfotos, kart. **DM 14,80**/S 119.–

Gemüse, Kräuter, Obst aus dem Balkongarten
– Erfolgreich ernten auf kleinstem Raum. (0694) Von S. Stein, 32 S., 34 Farbfotos, 6 Zeichnungen, Spiralbindung, kart., **DM 7,80**/S 69.–

Keime, Sprossen, Küchenkräuter
am Fenster ziehen – rund ums Jahr. (0658) Von F. und H. Jantzen, 32 S., 55 Farbfotos, Spiralbindung, kart. **DM 6,80**/S 59.–

Balkons in Blütenpracht
zu allen Jahreszeiten. (5047) Von N. Uhl, 64 S., 80 Farbfotos, Pappband **DM 14,80**/S 119.–

Kübelpflanzen
für Balkon, Terrasse und Dachgarten. (5132) Von M. Haberer, 64 S., 70 Farbfotos, Pappband. **DM 14,80**/S 119.–

Kletterpflanzen
Rankende Begrünung für Fassade, Balkon und Garten. (5140) Von M. Haberer, 64 S., 70 Farbabb., 2 Zeichnungen, Pappband. **DM 14,80**/S 119.–

Mein Kräutergarten rund ums Jahr
Täglich schnittfrisch und gesund würzen. (4192) Von Prof. Dr. G. Lysek, 136 S., 15 Farbtafeln, 91 Zeichnungen, kart. **DM 16,80**/S 139.–

Blühende Zimmerpflanzen
94 Arten mit Pflegeanleitungen. (5010) Von R. Blaich, 64 S., 107 Farbfotos, Pappband. **DM 14,80**/S 119.–

Falken-Handbuch Zimmerpflanzen
1600 Pflanzenporträts. (4082) Von R. Blaich, 432 S., 480 Farbfotos, 84 Zeichnungen, 1600 Pflanzenbeschreibungen, Pappband. **DM 39,–**/S 319.–

Blütenpracht in Grolit 2000
Der neue, mühelose Weg zu farbenprächtigen Zimmerpflanzen. (5127) Von G. Vocke, 64 S., 50 Farbfotos, Pappband. **DM 14,80**/S 119.–

Bonsai
Japanische Miniaturbäume und Miniaturlandschaften. Anzucht, Gestaltung und Pflege. (4091) Von B. Lesniewicz, 160 S., 106 Farbfotos, 46 s/w-Fotos, 115 Zeichnungen, gebunden. **DM 68,–**/S 549.–

Zimmerbäume, Palmen und andere Blattpflanzen
Standort, Pflege, Vermehrung, Schädlinge. (5111) Von G. Schoser, 96 S., 98 Farbfotos, 7 Zeichnungen, Pappband. **DM 19,80**/S 159.–

Biologisch zimmergärtnern
Zier- und Nutzpflanzen natürlich pflegen. (4144) Von N. Jorek, 152 S., 15 Farbtafeln, 120 s/w-Fotos, Pappband. **DM 19,80**/S 159.–

Hydrokultur
Pflanzen ohne Erde – mühelos gepflegt. (4080) Von H.-A. Rotter, 120 S., 82 Abb., Pappband. **DM 19,80**/S 159.–

Zimmerpflanzen in Hydrokultur
Leitfaden für problemlose Blumenpflege. (0660) Von H.-A. Rotter, 32 S., 76 Farbfotos, 8 farbige Zeichnungen, Pappband, **DM 7,80**/S 69.–

Sukkulenten
Mittagsblumen, Lebende Steine, Wolfsmilchgewächse u. a. (5070) Von W. Hoffmann, 64 S., 82 Farbfotos, Pappband. **DM 14,80**/S 119.–

Kakteen und andere Sukkulenten
300 Arten mit über 500 Farbfotos. (4116) Von G. Andersohn, 316 S., 520 Farbfotos, 193 Zeichnungen, Pappband. **DM 49,–**/S 398.–

Fibel für Kakteenfreunde
(0199) Von H. Herold, 102 S., 23 Farbfotos, 37 s/w-Abb., kart. **DM 7,80**/S 69.–

Kakteen
Herkunft, Anzucht, Pflege, Arten. (5021) Von W. Hoffmann, 64 S., 70 Farbfotos, Pappband. **DM 14,80**/S 119.–

Kakteen
Faszinierende Formen und Farben (4211) Von K. und F. Schild, 96 S., 127 Farbfotos, Pappband. **DM 24,80**/S 198.–

Orchideen
(4215) Von G. Schoser, 96 S., 143 Farbfotos, Pappband. **DM 24,80**/S 198.–

Falken-Handbuch Orchideen
Lebensraum, Kultur, Anzucht und Pflege. (4231) Von G. Schoser, 144 S., 121 Farbfotos, 28 Farbzeichnungen, Pappband. **DM 29,80**/S 239.–

Falken-Handbuch Katzen
(4158) Von B. Gerber, 176 S., 294 Farb- und 88 s/w-Fotos, Pappband. **DM 39,–**/S 319.–

Katzen
Rassen · Haltung · Pflege. (4216) Von B. Eilert-Overbeck, 96 S., 82 Farbfotos, Pappband. **DM 24,80**/S 198.–

Das neue Katzenbuch
Rassen – Aufzucht – Pflege. (0427) Von B. Eilert-Overbeck, 136 S., 14 Farbfotos, 26 s/w-Fotos, kart. **DM 8,80**/S 74.–

Lieblinge auf Samtpfötchen Katzen
(2202) Von B. Eilert-Overbeck, 80 S., 53 Farbfotos, 5 s/w-Fotos, 1 Zeichnungen, Pappband. **DM 9,80**/S 85.–

Katzenkrankheiten
Erkennung und Behandlung. Steuerung des Sexualverhaltens. (0652) Von Dr. med. vet. R. Spangenberg, 176 S., 64 s/w-Fotos, 4 Zeichnungen, kart. **DM 9,80**/S 79.–

Falken-Handbuch Hunde
(4118) Von H. Bielfeld, 176 S., 222 Farbfotos und Farbzeichnungen, 73 s/w-Abb., Pappband. **DM 39,–**/S 319.–

Hunde
Die treuen Freunde des Menschen (2207) Von R. Spangenberg, 80 S., 49 Farbfotos und Zeichnungen, Pappband. **DM 9,80**/S 85,–

Hunde
Rassen · Erziehung · Haltung. (4209) Von H. Bielfeld, 96 S., 101 Farbfotos, Pappband. **DM 24,80**/S 198.–

Das neue Hundebuch
Rassen · Aufzucht · Pflege. (0009) Von W. Busack, überarbeitet von Dr. med. vet. A. H. Hacker und H. Bielfeld, 112 S., 8 Farbtafeln, 27 s/w-Fotos, 6 Zeichnungen, kart. **DM 8,80**/S 74.–

Falken-Handbuch Der Deutsche Schäferhund
(4077) Von U. Förster, 228 S., 160 Abb., Pappband. **DM 29,80**/S 239.–

Der Deutsche Schäferhund
Aufzucht, Pflege und Ausbildung. (0073) Von A. Hacker, 104 S., 56 Abb., kart. **DM 7,80**/S 69.–

Dackel, Teckel, Dachshund
Aufzucht · Pflege · Ausbildung. (0508) Von M. Wein-Gysae, 112 S., 4 Farbtafeln, 43 s/w-Fotos, 2 Zeichnungen, kart. **DM 9,80**/S 79.–

Hundeausbildung
Verhalten – Gehorsam – Abrichtung. (0346) Von Prof. Dr. R. Menzel, 96 S., 18 Fotos, kart. **DM 7,80**/S 69.–

Hundekrankheiten
Erkennung und Behandlung, Steuerung des Sexualverhaltens. (0570) Von Dr. med. vet. R. Spangenberg, 128 S., 68 s/w-Fotos, 10 Zeichnungen, kart. **DM 9,80**/S 79.–

Falken-Handbuch Pferde
(4186) Von H. Werner, 176 S., 196 Farb- und 50 s/w-Fotos, 100 Zeichnungen, Pappband. **DM 48,–**/S 389,–

Ponys
Rassen, Haltung, Reiten. (4205) Von S. Braun, 96 S., 84 Farbfotos, Pappband. **DM 24,80**/S 198.–

Schmetterlinge
Tagfalter Miteleuropas erkennen und benennen. (0510) Von T. Ruckstuhl, 156 S., 136 Farbfotos, kart. **DM 16,80**/S 139.–

Wellensittiche
Arten · Haltung · Pflege · Sprechunterricht · Zucht. (5136) Von H. Bielfeld, 64 S., 59 Farbfotos, Pappband. **DM 14,80**/S 119.–

Papageien und Sittiche
Arten · Pflege · Sprechunterricht. (0591) Von H. Bielfeld, 112 S., 8 Farbtafeln, kart. **DM 9,80**/S 79.–

Geflügelhaltung als Hobby
(0749) Von M. Baumeister, H. Meyer, 184 S., 8 Farbtafeln, 47 s/w-Fotos, 15 Zeichnungen, kart. **DM 16,80**/S 139.–

Falken-Handbuch Das Terrarium
(4069) Von B. Kahl, P. Gaupp, Dr. G. Schmidt, 336 S., 215 Farbfotos, geb. **DM 58,–**/S 460.–

Das Süßwasser-Aquarium
Einrichtung · Pflege · Fische · Pflanzen. (0153) Von H. J. Mayland, 152 S., 16 Farbtafeln, 43 s/w-Zeichnungen, kart. **DM 12,80**/S 99,–

Falken-Handbuch
Süßwasser-Aquarium
(4191) Von H. J. Mayland, 288 S.,
564 Farbfotos, 75 Zeichnungen,
Pappband. **DM 49,–**/S 398,–

Cichliden
Pflege, Herkunft und Nachzucht der
wichtigsten Buntbarscharten. (5144) Von
Jo in't Veen, 96 S., 163 Farbfotos,
Pappband. **DM 19,80**/S 159,–

Gesundheit

Die Frau als Hausärztin
Der unentgeltliche Ratgeber für die
Gesundheit. (4072) Von Dr. med.
A. Fischer-Dückelmann, 808 S., 14 Farb-
tafeln, 146 s/w-Fotos, 203 Zeichnungen,
Pappband. **DM 29,80**/S 239,–
**Heiltees und Kräuter für die
Gesundheit**
(4123) Von G. Leibold, 136 S., 15 Farb-
tafeln, 16 Zeichnungen, kart.
DM 14,80/S 119.–
Falken-Handbuch
Heilkräuter
Modernes Lexikon der Pflanzen und
Anwendungen (4076) Von G. Leibold,
392 S., 183 Farbfotos, 22 Zeichnungen,
geb. **DM 39,–**/S 319.–
Die farbige Kräuterfibel
Heil- und Gewürzpflanzen. (0245) Von
I. Gabriel, 196 S., 49 farbige und
97 s/w-Abb., kart. **DM 14,80**/ S 119.–
Arzneikräuter und Wildgemüse
erkennen und benennen. (0459) Von
J. Raithelhuber, 144 S., 108 Farbfotos,
31 Zeichnungen, kart. **DM 16,80**/S 139.–
Falken-Handbuch
Bio-Medizin
Alles über die moderne Naturheilpraxis.
(4136) Von G. Leibold, 552 S., 38 Farb-
fotos, 232 s/w-Abb., Pappband.
DM 39,–/ S 319.–
Enzyme
(0677) Von G. Leibold, 96 S., kart.
DM 9,80/S 79.–
Heilfasten
(0713) Von G. Leibold, 108 S., kart.
DM 9,80/S 79.–
**So lebt man länger nach Dr. Le
Comptes Erfolgsmethode!**
Vital und gesund bis ins hohe Alter.
(4129) Von Dr. H. Le Compte,
P. Pervenche, 224 S., gebunden.
DM 24,80/S 198.–

**Gesundheit und Spannkraft durch
Yoga**
(0321) Von L. Frank und U. Ebbers,
112 S., 50 s/w-Fotos, kart.
DM 7,80/S 69.–
Yoga für jeden
(0341) Von K. Zebroff, 156 S., 135 Abb.,
Spiralbindung, **DM 20,–**/S 160.–
Yoga für Schwangere
Der Weg zur sanften Geburt. (0777) Von
V. Bolesta-Hahn, 108 S., 76 2-farbige
Abb. **DM 12,80**/S 99.–
**Yoga gegen Haltungsschäden und
Rückenschmerzen**
(0394) Von A. Raab, 104 S., 215 Abb.,
kart. **DM 6,80**/S 59.–
Hypnose und Autosuggestion
Methoden – Heilwirkungen – praktische
Beispiele. (0483) Von G. Leibold, 116 S.,
kart. **DM 7,80**/S 69.–
Autogenes Training
Anwendung · Heilwirkungen · Methoden.
(0541) Von R. Faller, 128 S., 3 Zeich-
nungen, kart. **DM 9,80**/S 79.–
**Die fernöstliche Fingerdrucktherapie
Shiatsu**
Anleitungen zur Selbsthilfe – Heilwirkun-
gen. (0615) Von G. Leibold, 196 S.,
180 Abb., kart. **DM 16,80**/S 139.–
Eigenbehandlung durch Akupressur
Heilwirkungen – Energielehre – Meri-
diane. (0417) Von G. Leibold, 152 S.,
78 Abb., kart. **DM 9,80**/S 79.–
Bauch, Taille und Hüfte gezielt formen
durch **Aktiv Yoga**
(0709) Von K. Zebroff, 112 S., 102 Farbfotos, Spiralbindung, **DM 14,80**/S 119.–
10 Minuten täglich Tele-Gymnastik
(5102) Von B. Manz und A. Biermann,
128 S., 381 Abb., kart.
DM 14,80/S 119.–
Gesund und fit durch Gymnastik
(0366) Von H. Pilss-Samek, 132 S.,
150 Abb., kart. **DM 9,80**/S 79.–
Stretching
Mit Dehnungsgymnastik zu Ent-
spannung, Geschmeidigkeit und Wohl-
befinden. (0717) Von H. Schulz, 80 S.,
90 s/w-Fotos, kart. **DM 7,80**/S 69.–
Schönheitspflege
Kosmetische Tips für jeden Tag. (0493)
Von H. Zander, 80 S., 25 Abb., kart.
DM 7,80/S 69.–
Natur-Apotheke
Gesundheit durch altbewährte Kräuter-
rezepte und Hausmittel. (4156) Von
G. Leibold, 236 S., 8 Farb-
tafeln, 100 Zeichnungen, kart.,
DM 19,80/S 159.–
(4157) Pappband, **29,80**/S 239.–

Bildatlas des menschlichen Körpers
(4177) Von G. Pogliani, V. Vannini, 112 S.,
402 Farbabb., 28 s/w-Fotos, Pappband,
DM 29,80/S 239.–
Fußmassage
Reflexzonentherapie am Fuß (0714) Von
G. Leibold, 96 S., 38 Zeichnungen, kart.
DM 9,80/S 79.–
Rheuma und Gicht
Krankheitsbilder, Behandlung, Therapie-
verfahren, Selbstbehandlung, richtige
Lebensführung und Ernährung. (0712)
Von Dr. J. Höder, J. Bandick, 104 S., kart.
DM 9,80/S 79.–
Krampfadern
Ursachen, Vorbeugung, Selbstbehand-
lung, Therapieverfahren. (0727) Von
Dr. med. K. Steffens, 96 S., 38 Abb.,
kart. **DM 9,80**/S 79.–
Gallenleiden
Krankheitsbilder, Behandlung, Therapie-
verfahren, Selbstbehandlung, Richtige
Lebensführung und Ernährung. (0673)
Von Dr. med. K. Steffens, 104 S.,
34 Zeichnungen, kart. **DM 9,80**/S 79.–
Asthma
Pseudokrupp, Bronchitis und Lungen-
emphysem. (0778) Von Prof. Dr. med.
W. Schmidt, 120 S., 56 Zeichnungen,
kart. **DM 9,80**/S 79.–
Vitamine und Ballaststoffe
So ermittle ich meinen täglichen Bedarf
(0746) Von Prof. Dr. M. Wagner,
I. Bongartz, 96 S., 6 Farbabb., zahlreiche
Tabellen, kart. **DM 9,80**/S 79.–
Darmleiden
Krankheitsbilder, Behandlung, Selbst-
behandlung, Richtige Lebensführung und
Ernährung. (0798) Von Dr. med. K. Stef-
fens, 112 S., 46 Zeichnungen, kart.
DM 9,80/S 79.–
Massage
(0750) Von B. Rumpler, K. Schutt, 112 S.,
116 2-farbige Zeichnungen, kart.
DM 12,80/S 99.–
Ratgeber Aids
Entstehung, Ansteckung, Krankheitsbilder,
Heilungschancen, Schutzmaßnahmen.
(0803) Von B. Baartman, Vorwort von
Dr. med. H. Jäger, 112 S., 8 Farbtafeln,
4 Grafiken, kart. **DM 16,80**/S 139.–
Wenn Kinder krank werden
Medizinischer Ratgeber für Eltern.
(4240) Von Dr. med. I. J. Chasnoff,
B. Nees-Delaval, 232 S., 163 Zeichnun-
gen, Pappband. **DM 29,80**/S 239,–

Die Preise entsprechen dem Status beim Druck dieses

Ratgeber Lebenshilfe

Umgangsformen heute
Die Empfehlungen des Fachausschusses für Umgangsformen. (4015) 282 S., 160 s/w-Fotos, 25 Zeichnungen, Pappband. **DM 29,80**/S 239.–

Der gute Ton
Ein moderner Knigge. (0063) Von I. Wolter, 168 S., 34 Zeichnungen, 53 s/w-Fotos, kart. **DM 9,80**/S 79.–

Haushaltstips von A bis Z
(0759) Von A. Eder, 80 S., 30 Zeichnungen, kart. **DM 7,80**/S 69.–

Wir heiraten
Ratgeber zur Vorbereitung und Festgestaltung der Verlobung und Hochzeit. (4188) Von C. Poensgen, 216 S., 8 s/w-Fotos, 30 s/w-Zeichnungen, 8 Farbtafeln, Pappband. **DM 19,80**/S 159.–

Kleines Dankeschön für die charmante
Gastgeberin
(2218) Von S. Gräfin Schönfeldt, 80 S., 46 Farbabb., Pappband. **DM 9,80**/S 85,–

Die Kunst der freien Rede
Ein Intensivkurs mit vielen Übungen, Beispielen und Lösungen. (4189) Von G. Hirsch, 232 S., 11 Zeichnungen, Pappband. **DM 29,80**/S 239.–

Reden zur Taufe, Kommunion und Konfirmation
(0751) Von G. Georg, 96 S., kart. **DM 6,80**/S 59.–

Der richtige Brief zu jedem Anlaß
Das moderne Handbuch mit 400 Musterbriefen. (4179) Von H. Kirst, 376 S., Pappband. **DM 26,80**/S 218,–

Von der Verlobung zur Goldenen Hochzeit
(0393) Von E. Ruge, 120 S., kart. **DM 6,80**/S 59.–

Reden zur Hochzeit
Musteransprachen für Hochzeitstage. (0654) Von G. Georg, 112 S., kart. **DM 6,80**/S 59.–

Glückwünsche, Toasts und Festreden zur Hochzeit.
(0264) Von I. Wolter, 128 S., 18 Zeichnungen, kart. **DM 7,80**/S 69.–

Hochzeits- und Bierzeitungen
Muster, Tips und Anregungen. (0288) Von H.-J. Winkler, mit vielen Text- und Gestaltungsanregungen, 116 S., 15 Abb., 1 Musterzeitung, kart. **DM 6,80**/ S 59.–

Kindergedichte zur Grünen, Silbernen und Goldenen Hochzeit
(0318) Von H.-J. Winkler, 104 S., 20 Abb., kart. **DM 5,80**/S 49.–

Die Silberhochzeit
Vorbereitung · Einladung · Geschenkvorschläge · Dekoration · Festablauf · Menüs · Reden · Glückwünsche. (0542) Von K. F. Merkle, 120 S., 41 Zeichnungen, kart. **DM 9,80**/S 79.–

Großes Buch der Glückwünsche
(0255) Hrsg. von O. Fuhrmann, 240 S., 77 Zeichnungen und viele Gestaltungsvorschläge, kart. **DM 9,80**/S 79.–

Neue Glückwunschfibel
für Groß und Klein. (0156) Von R. Christian-Hildebrandt, 96 S., kart. **DM 4,80**/S 39.–

Glückwunschverse für Kinder
(0277) Von B. Ulrici, 80 S., kart. **DM 5,80**/S 49.–

Die Redekunst
Rhetorik · Rednererfolg (0076) Von K. Wolter, überarbeitet von Dr. W. Tappe, 80 S., kart. **DM 5,80**/S 49.–

Reden und Ansprachen
für jeden Anlaß. (4009) Hrsg. von F. Sicker, 454 S., gebunden. **DM 39,–**/S 319.–

Reden zum Jubiläum
Musteransprachen für viele Gelegenheiten (0595) Von G. Georg, 112 S., kart. **DM 6,80**/S 59.–

Reden zum Ruhestand
Musteransprachen zum Anschluß des Berufslebens (0790) Von G. Georg, 104 S., kart. **DM 7,80**/S 69.–

Reden und Sprüche zu Grundsteinlegung, Richtfest und Einzug
(0598) Von A. Bruder, G. Georg, 96 S., kart. **DM 6,80**/S 59.–

Reden zu Familienfesten
Musteransprachen für viele Gelegenheiten. (0675) Von G. Georg, 108 S., kart. **DM 6,80**/S 59.–

Reden zum Geburtstag
Musteransprachen für familiäre und offizielle Anlässe. (0773) Von G. Georg, 104 S., kart. **DM 7,80**/S 69.–

Festreden und Vereinsreden
Ansprachen für festliche Gelegenheiten. (0069) Von K. Lehnhoff, E. Ruge, 88 S., kart. **DM 5,80**/S 49.–

Reden im Verein
Musteransprachen für viele Gelegenheiten. (0703) Von G. Georg, 112 S., kart., **DM 6,80**/S 59.–

Trinksprüche
Fest- und Damenreden in Reimen. (0791) Von L. Metzner, 88 S., 14 s/w-Zeichnungen, kart. **DM 7,80**/S 68,–

Trinksprüche, Richtsprüche, Gästebuchverse
(0224) Von D. Kellermann, 80 S., kart. **DM 5,80**/S 49.–

Ins Gästebuch geschrieben
(0576) Von K. H. Trabeck, 96 S., 24 Zeichnungen, kart. **DM 7,80**/S 69.–

Poesiealbumverse
Heiteres und Besinnliches. (0578) Von A. Göttling, 112 S., 20 Zeichnungen, Pappband. **DM 14,80**/S 119.–

Verse fürs Poesiealbum
(0241) Von I. Wolter, 96 S., 20 Abb., kart. **DM 5,80**/S 49.–

Rosen, Tulpen, Nelken . . .
Beliebte Verse fürs Poesiealbum
(0431) Von W. Pröve, 96 S., 11 Faksimile-Abb., kart. **DM 5,80**/S 49.–

Der Verseschmied
Kleiner Leitfaden für Hobbydichter. Mit Reimlexikon. (0597) Von T. Parisius, 96 S., 28 Zeichnungen, kart. **DM 7,80**/S 69.–

Was wäre das Leben ohne Hoffnung
Trostreiche Worte
(2224) Hrsg. E. Heinold, 80 S., 23 Farbfotos, Pappband. **DM 9,80**/S 85,–

Moderne Korrespondenz
Handbuch für erfolgreiche Briefe. (4014) Von H. Kirst und W. Manekeller, 544 S., gebunden. **DM 39,–**/S 319.–

Der neue Briefsteller
Musterbriefe für alle Gelegenheiten. (0060) Von I. Wolter-Rosendorf, 112 S., kart. **DM 5,80**/S 49.–

Geschäftliche Briefe
des Privatmanns, Handwerkers, Kaufmanns. (0041) Von A. Römer, 120 S., kart. **DM 6,80**/S 59.–

Behördenkorrespondenz
Musterbriefe – Anträge – Einsprüche. (0412) Von E. Ruge, 120 S., kart. **DM 7,80**/S 69.–

Musterbriefe
für alle Gelegenheiten. (0231) Hrsg. von O. Fuhrmann, 240 S., kart. **DM 9,80**/S 79.–

Privatbriefe
Muster für alle Gelegenheiten. (0114) Von I. Wolter-Rosendorf, 132 S., kart. **DM 6,80**/S 59.–

Erfolgstips für den Schriftverkehr
Briefwechsel leicht gemacht durch einfachen Stil und klaren Ausdruck (0678) Von J. Werbellin, 120 S., kart. **DM 8,80**/S 74.–

Worte und Briefe der Anteilnahme
(0464) Von E. Ruge, 128 S., mit vielen Abb., kart. **DM 9,80**/S 79.–

Reden in Trauerfällen
Musteransprachen für Beerdigungen und Trauerfeiern (0736) Von G. Georg, 104 S., kart. **DM 6,80**/S 59.–

Lebenslauf und Bewerbung
Beispiele für Inhalt, Form und Aufbau. (0428) Von H. Friedrich, 112 S., kart. **DM 6,80**/S 59.–

Erfolgreiche Bewerbungsbriefe und Bewerbungsformen.
(0138) Von W. Manekeller, 88 S., kart. **DM 5,80**/S 49.–

Die erfolgreiche Bewerbung
Bewerbung und Vorstellung. (0173) Von W. Manekeller, 156 S., kart. **DM 9,80**/S 79.–

Die Bewerbung
Der moderne Ratgeber für Bewerbungsbriefe, Lebenslauf und Vorstellungsgespräche. (4138) Von W. Manekeller, 264 S., Pappband. **DM 19,80**/S 159.–

Vorstellungsgespräche
sicher und erfolgreich führen. (0636) Von H. Friedrich, 144 S., kart. **DM 9,80**/S 79.–

Keine Angst vor Einstellungstests
Ein Ratgeber für Bewerber. (0793) Von Ch. Titze, 120 S., 67 Zeichnungen, kart. **DM 9,80**/S 79.–

Zeugnisse im Beruf
richtig schreiben, richtig verstehen. (0544) Von H. Friedrich, 112 S., kart. **DM 9,80**/S 79.–

In Anerkennung Ihrer . . . ,
Lob und Würdigung in Briefen und Reden.
(0535) Von H. Friedrich, 136 S., kart. **DM 9,80**/S 79.–

Erfolgreiche Kaufmannspraxis
Wirtschaftliche Grundlagen, Geld, Kreditwesen, Steuern, Betriebsführung, Recht, EDV. (4046) Von W. Göhler, H. Gölz, M. Heibel, Dr. D. Machenheimer, 544 S., gebunden. **DM 39,–**/S 319.–

Der Rechtsberater im Haus
(4048) Von K.-H. Hofmeister, 528 S., gebunden. **DM 39,–**/S 319.–

Arbeitsrecht
Praktischer Ratgeber für Arbeitnehmer und Arbeitgeber. (0594) Von J. Beuthner, 192 S., kart. **DM 16,80**/S 139.–

Mietrecht
Leitfaden für Mieter und Vermieter. (0479) Von J. Beuthner, 196 S., kart. **DM 14,80**/S 119.–

Familienrecht
Ehe – Scheidung – Unterhalt. (4190) Von T. Drewes, R. Hollender, 368 S., Pappband. **DM 29,80**/S 239.–

Scheidung und Unterhalt
nach dem neuen Eherecht. (0403) Von
Rechtsanwalt H. T. Drewes, 112 S., mit
Kosten- und Unterhaltstabellen, kart.
DM 7,80/S 69.–

Testament und Erbschaft
Erbfolge, Rechte und Pflichten der Erben,
Erbschafts- und Schenkungssteuer,
Mustertestamente. (4139) Von T. Drewes,
R. Hollender, 304 S., Pappband.
DM 26,80/S 218.–

Erbrecht und Testament
Mit Erläuterungen des Erbschaftssteuer-
gesetzes von 1974. (0046) Von Dr. jur.
H. Wandrey, 124 S., kart. **DM 6,80**/S 59.–

Endlich 18 und nun?
Rechte und Pflichten mit der Volljährig-
keit. (0646) Von R. Rathgeber, 224 S.,
27 Zeichnungen, kart. **DM 14,80**/S 119.–

Was heißt hier minderjährig?
(0765) Von R. Rathgeber, C. Rummel,
148 S., 50 Fotos, 25 Zeichnungen, kart.
DM 14,80/S 119.–

So finde ich einen Ausbildungsplatz
(0715) Von H. Friedrich, 136 S., kart.
DM 9,80/S 79.–

Elternsache Grundschule
(0692) Hrsg. von K. Meynersen, 324 S.,
kart. **DM 26,80**/S 218.–

Sexualberatung
(0402) Von Dr. M. Röhl, 168 S., 8 Farbtafeln, 17 Zeichnungen, Pappband.
DM 19,80/S 159.–

Die Kunst des Stillens
nach neuesten Erkenntnissen
(0701) Von Prof. Dr. med. E. Schmidt/S.
Brunn, 112 S., 20 Fotos und Zeichnungen,
kart. **DM 9,80**/S 79,–

Wenn Sie ein Kind bekommen
(4003) Von U. Klamroth, Dr. med.
H. Oster, 240 S., 86 s/w-Fotos, 30 Zeichnungen, Pappband. **DM 24,80**/S 198.–

Vorbereitung auf die Geburt
Schwangerschaftsgymnastik, Atmung,
Rückbildungsgymnastik. (0251) Von
S. Buchholz, 112 S., 98 s/w-Fotos, kart.
DM 6,80/S 59.–

Wie soll es heißen?
(0211) Von D. Köhr, 136 S., kart.
DM 5,80/S 49.–

Das Babybuch
Pflege · Ernährung · Entwicklung. (0531)
Von A. Burkert, 128 S., 16 Farbtafeln,
38 s/w-Fotos, 30 Zeichnungen, kart.
DM 12,80/S 99.–

Mitmachen – die Umwelt retten!
Das Öko-Testbuch
Analysen und Experimente zur Eigen-
initiative. (4160) Von M. Häfner,
400 Farbfotos, 137 farbige Zeichnungen,
Pappband. **DM 39,–**/S 319,–

Manfred Häfner
Mitmachen – die Umwelt retten!
Das
Öko-Testbuch
Analysen und Experimente zur Eigeninitiative

Die neue Lebenshilfe **Biorhytmik**
Höhen und Tiefen der persönlichen
Lebenskurven vorausberechnen und
danach handeln. (0458) Von W. A. Appel,
157 S., 63 Zeichnungen, Pappband.
DM 12,80/S 99.–

Vom Urkrümel zum Atompilz
Evolution – Ursache und Ausweg aus der
Krise. (4181) Von Jürgen Voigt, 188 S.,
20 Farb- und 70 s/w-Fotos, 32 Zeichnungen, kart. **DM 19,80**/S 159,–

Der Sklave Calvisius
Alltag in einer römischen Provinz 150 n.
Chr. (4058) Von A. Ammermann,
T. Röhrig, G. Schmidt, 120 S.,
99 Farbabb., 47 s/w-Abb., Pappband.
DM 19,80/S 159.–
ZDF · ORF · DRS

Kompaß Jugend-Lexikon
(4096) Von R. Kerler, J. Blum, 336 S.,
766 Farbfotos, 39 s/w-Abb., Pappband.
DM 39,–/S 319,–

Astrologie
Das Orakel der Sterne. (2211) Von
B. A. Mertz, 80 S., 42 Farb- und 15 s/w-
Fotos, Pappband. **DM 9,80**/S 85,–

Psycho-Tests
– Erkennen Sich sich selbst. (0710) Von
B. M. Nash, R. B. Monchick, 304 S.,
81 Zeichnungen, kart. **DM 16,80**/S 139,–

Falken-Handbuch **Astrologie**
Charakterkunde · Schicksal · Liebe und
Beruf · Berechnung und Deutung von
Horoskopen · Aszendenttabelle. (4068)
Von B. A. Mertz, 342 S., mit 60 er-
läuternden Grafiken, gebunden.
DM 29,80/S 239,–

Selbst Wahrsagen mit Karten
Die Zukunft in Liebe, Beruf und Finanzen.
(0404) Von R. Koch, 112 S., 252 Abb.,
Pappband. **DM 12,80**/S 99.–

Weissagen, Hellsehen, Kartenlegen ...
Wie jeder die geheimen Kräfte ergründen
und für sich nutzen kann. (4153) Von
G. Haddenbach, 192 S., 40 Zeichnungen,
Pappband. **DM 19,80**/S 159,–

Frauenträume, Männerträume
und ihre Bedeutung. (4198) Von
G. Senger, 272 S., mit Traumlexikon,
Pappband. **DM 29,80**/S 239,–

Wahrsagen mit Tarot-Karten
(0482) Von E. J. Nigg, 112 S., 4 Farbtafeln, 52 s/w-Fotos, Abb., Pappband.
DM 14,80/S 119.–

Aztekenhoroskop
Deutung von Liebe und Schicksal nach
dem Aztekenkalender. (0543) Von
C.-M. und R. Kerler, 160 S., 20 Zeichnungen, Pappband. **DM 9,80**/S 79.–

Was sagt uns das Horoskop?
Praktische Einführung in die Astrologie.
(0655) Von B. A. Mertz, 176 S., 25 Zeichnungen, kart. **DM 9,80**/S 79.–

Das Super-Horoskop
Der neue Weg zur Deutung von Charakter,
Liebe und Schicksal nach chinesischer
und abendländischer Astrologie. (0465)
Von G. Haddenbach, 175 S., kart.
DM 9,80/S 79.–

**Liebeshoroskop für die
12 Sternzeichen**
Alles über Chancen, Beziehungen, Erotik,
Zärtlichkeit, Leidenschaft. (0587) Von
G. Haddenbach, 144 S., 11 Zeichnungen,
kart. **DM 7,80**/S 69.–

Die 12 Sternzeichen
Charakter, Liebe und Schicksal. (0385)
Von G. Haddenbach, 160 S., Pappband.
DM 12,80/S 99.–

**Die 12 Tierzeichen im chinesischen
Horoskop**
(0423) Von G. Haddenbach, 128 S.,
Pappband. **DM 9,80**/S 79.–

Sternstunden
für Liebe, Glück und Geld, Berufserfolg
und Gesundheit. Das ganz persönliche
Mitbringsel für Widder (0621), Stier
(0622), Zwillinge (0623), Krebs (0624),
Löwe (0625), Jungfrau (0626), Waage
(0627), Skorpion (0628), Schütze
(0629), Steinbock (0630), Wassermann
(0631), Fische (0632) Von L. Cancer,
62 S., durchgehend farbig, Zeichnungen,
Pappband. **DM 5,–**/S 39.–

So deutet man Träume
Die Bildersprache des Unbewußten.
(0444) Von G. Haddenbach, 160 S.,
Pappband. **DM 9,80**/S 79,–

Die Familie im Horoskop
Glück und Harmonie gemeinsam erleben
– Probleme und Gegensätze verstehen
und tolerieren. (4161) Von B. A. Mertz,
296 S., 40 Zeichnungen, kart.
DM 19,80/S 159.–

Erkennen Sie Psyche und Charakter
durch **Handdeutung**
(4176) Von B. A. Mertz, 252 S., 9 s/w-
Fotos, 160 Zeichnungen, Pappband.
DM 36,–/S 298.–

Falken-Handbuch
Kartenlegen
Wahrsagen mit Tarot-, Skat-, Lenormand-
und Zigeunerblättern. (4226) Von
B. A. Mertz, 288 S., 38 Farb- und
108 s/w-Abb. Pappband.
DM 39,–/S 319,–

Falken-Handbuch
Kartenlegen
Wahrsagen mit Tarot-, Skat-, Lenormand- und Zigeunerblättern
FALKEN VERLAG

I Ging der Liebe
Das altchinesische Orakel für Partner-
schaft und Ehe. (4244) Von G. Damian-
Knight, 320 S., 64 s/w-Zeichnungen,
Pappband. **DM 29,80**/S 239,–

Wenn die Schwalben niedrig fliegen
Bauernregeln
(2208) Von G. Haddenbach, 80 S.,
52 Farbfotos, Pappband.
DM 9,80/S 85,–

**Bauernregeln, Bauernweisheiten,
Bauernsprüche**
(4243) Von G. Haddenbach, 192 S.,
62 Farbabb. 9 s/w-Fotos, 144 s/w-Zeich-
nungen, Pappband. **DM 29,80**/S 239,–

FALKEN VERLAG

Die Preise entsprechen dem Status beim Druck dieses

Computer

Computer Grundwissen
Eine Einführung in Funktion und Einsatzmöglichkeiten. (4302) Von W. Bauer, 176 Seiten, 193 Farb- und 12 s/w-Fotos, 37 Computergrafiken, kart.,
DM 29,80/S 239.–
(4301) Pappband. DM 39,–/S 312.–

Computer verständlich
Wolfgang Bauer
COMPUTER GRUNDWISSEN
Eine Einführung in Funktion und Einsatzmöglichkeiten

Einführung in die Programmiersprache BASIC. (4303) Von S. Curran und R. Curnow, 192 S., 92 Zeichnungen, Spiralbindung. DM 19,80/S 159.–

Lernen mit dem Computer. (4304) Von S. Curran und R. Curnow, 144 S., 34 Zeichnungen, Spiralbindung,
DM 19,80/S 159.–

Computerspiele, Grafik und Musik (4305) Von S. Curran und R. Curnow, 147 S., 46 Zeichnungen, Spiralbindung. DM 19,80/S 159.–

dBase III
Einführung für Einsteiger und Nachschlagewerk für Profis. (4310) Von J. Brehm, G. A. Karl, 211 S., 23 Abb., kart. DM 58,–/S 460.–

Das Medienpaket
Buch und Programmdiskette „dBase III" zusammen (4312) DM 98,–/S 784.–

Grundwissen Informationsverarbeitung
(4314) Von H. Schiro, 312 S., 59 s/w-Fotos, 133 s/w-Zeichnungen, Pappband. DM 58,–/S 460.–

Heimcomputer-Bastelkiste
Messen, Steuern, Regeln mit C 64-, Apple II-, MSX-, TANDY-, MC-, Atari- und Sinclair-Computern. (4309) Von G. A. Karl, 256 S., 160 Zeichnungen, kart.
DM 39,–/S 319,–

Drucker und Platter
Text und Grafik für Ihren Computer. (4315) Von K.-H. Koch, 192 S., 12 Farbtafeln, 5 s/w-Fotos, kart.
DM 39,–/S 319,–

Textverarbeitung mit Home- und Personal-Computern
Systeme – Vergleiche – Anwendungen. (4316) Von A. Görgens, 128 S., 49 s/w-Fotos, kart. DM 29,80/S 239,–

Lernhilfen

Deutsch für Ausländer im Selbstunterricht
Ausgabe für Jugoslawen
(0261) Von I. Hladek und E. Richter, 132 S., 62 Zeichnungen, kart.
DM 9,80/S 79.–

Deutsch – Ihre neue Sprache.
Grundbuch (0327) Von H.-J. Demetz und J. M. Puente, 204 S., mit über 200 Abb., kart. DM 14,80/S 119.–

Glossar Italienisch
(0329) Von H.-J. Demetz und J. M. Puente, 74 S., kart.
DM 9,80/S 79.–

In gleicher Ausstattung:
Glossar Spanisch (0330)
DM 9,80/S 79.–
Glossar Serbokroatisch (0331)
DM 9,80/S 79.–
Glossar Türkisch (0332)
DM 9,80/S 79.–
Glossar Arabisch (0335)
DM 9,80/S 79.–
Glossar Französisch (0337)
DM 9,80/S 79.–

Das Deutschbuch
Ein Sprachprogramm für Ausländer, Erwachsene und Jugendliche.
Autorenteam: J. M. Puente, H.-J. Demetz, S. Sargut, M. Spohner.
Grundbuch Jugendliche
(4915) Von Puente, Demetz, Sargut, Spohner, Hirschberger, Kersten, von Stolzenwaldt, 256 S., durchgehend zweifarbig, kart. DM 19,80/S 159.–
Grundbuch Erwachsene
(4901) Von Puente, Demetz, Sargut, Spohner, 292 S., durchgehend zweifarbig, kart. DM 24,80/S 198.–
Arbeitsheft
zu Grundbuch Erwachsene und Jugendliche. (4903) Von Puente, Demetz, Sargut, Spohner, 160 S., durchgehend zweifarbig, kart. DM 16,80/S 139.–
Aufbaukurs
(4902) Von Puente, Sargut, Spohner, 232 S., durchgehend zweifarbig, kart. DM 22,80/S 182.–
Lehrerhandbuch Grundbuch Erwachsene
(4904) 144 S., kart. DM 14,80/S 119.–
Lehrerhandbuch Grundbuch Jugendliche
(4929) 120 S., kart. DM 14,80/S 119.–
Lehrerhandbuch Aufbaukurs
(4930) 64 S., kart. DM 9,80/S 79.–
Glossare Erwachsene:
Türkisch
(4906) 100 S., kart. DM 9,80/S 79.–
Englisch
(4912) 100 S., kart. DM 9,80/S 79.–
Französisch
(4911) 104 S., kart. DM 9,80/S 79.–
Spanisch
(4909) 98 S., kart. DM 9,80/S 79.–
Italienisch
(4908) 100 S., kart. DM 9,80/S 79.–
Serbokroatisch
(4914) 100 S., kart. DM 9,80/S 79.–
Griechisch
(4907) 102 S., kart. DM 9,80/S 79.–
Portugiesisch
(4910) 100 S., kart. DM 9,80/S 79.–

Polnisch
(4913) 102 S., kart. DM 9,80/S 79.–
Arabisch
(4905) 100 S., kart. DM 9,80/S 79.–
Glossare Jugendliche:
Türkisch
(4927) 104 S., kart. DM 9,80/S 79.–
Italienisch
(4932) Von A. Baumgartner, 104 S., kart. DM 9,80/S 79.–
Spanisch
(4933) Von M. Weidemann, 104 S., kart. DM 9,80/S 79.–
Serbokroatisch
(4934) Von M. Vuckovic, 104 S., kart. DM 9,80/S 79.–
Griechisch
(4936) Von Dr. G. Tzounakis, 112 S., kart. DM 9,80/S 79.–
Tonband Grundbuch Erwachsene
(4916) Ø 18 cm. DM 125,–/S 1.000.–
Tonband Grundbuch Jugendliche
(4917) Ø 18 cm. DM 125,–/S 1.000.–
Tonband Aufbaukurs
(4918) Ø 18 cm. DM 125,–/S 1.000.–
Tonband Arbeitsheft
(4919) Ø 18 cm. DM 89,–/S 712.–
Kassetten Grundbuch Erwachsene
(4920) 2 Stück à 90 Min. Laufzeit.
DM 39,–/S 319.–
Kassetten Grundbuch Jugendliche
(4921) 2 Stück à 90 Min. Laufzeit.
DM 39,–/S 319.–
Kassetten Aufbaukurs
(4922) 2 Stück à 90 Min. Laufzeit.
DM 39,–/S 319.–
Kassette Arbeitsheft Grundbuch
(4923) 60 Min. Laufzeit.
DM 19,80/S 159.–
Overheadfolie Grundbuch Erwachsene
(4924) 60 Stück DM 159,–/S 1.270.–
Overheadfolien Grundbuch Jugendliche
(4925) 59 Stück. DM 159,–/S 1.270.–
Overheadfolien Aufbaukurs
(4931) 54 Stück. DM 159,–/S 1.270.–
Diapositive Grundbuch Erwachsene
(4926) 300 Stück. DM 398,–/S 3.184.–
Bildkarten
zum Grundbuch Jugendliche und Erwachsene. (4928) 200 Stück.
DM 159,–/S 1.270.–
Arbeitshefte für ausländische Jugendliche in der Berufsvorbereitung
Fachsprache im projektorientierten/ fachübergreifenden Unterricht
Metall 1
(4937) Von S. Sargut, M. Spohner, 96 S., 30 Farbfotos, 30 Zeichnungen, kart. DM 14,80/S 119.–

FALKEN VERLAG